3日に一度の買い物 で食材ムリなく使いきり！

JN085810

がんばらない3日間献立

牛尾理恵

CONTENTS

余った野菜 なんでもOKレシピ

この本の表記

- 材料は、例外を除き、2人分を基本にしています。それ以外の場合は、各レシピに明示しています。
- 小さじ1=5㎖、大さじ1=15㎖、カップ1=200㎖です。
- 野菜の「洗う」「皮をむく」「きのこの石づきを取り除く」などの下処理は、基本的に省略しています。
- だし汁は昆布や削り節、または煮干しなどでとった和風のだしです。
- 電子レンジの加熱時間は600Wのものを基本にしています。500Wの場合は加熱時間を1.2倍にしてください。

がんばらない**3**日間献立のすすめ

ほとんどの方にとって、ごはん作りは1日限りのことではないと思います。
しかも、単品ではなく献立となると頭を悩ませてしまいます。
「どんな副菜を合わせたらいいの？」「作りおきおかず作りに疲れてしまった…」
「せっかく買った食材をむだにしないためにはどうしたらいい？」
毎日の献立作りのストレスを軽減したい！ この本はそんな願いから生まれました。
献立は1日単位のものではなく、日々つながっていくもの。
とはいえ、長いスパンで考えると重荷になるので、がんばらなくてもいい程度、
せいぜい3日間を1ユニットと考えるといいです。
3日ごとに食材を買い、献立を立てます。3日間なら冷蔵状態で新鮮なまま、
おいしく食べることができます。

ポイントは3つ

難しい仕込みはしませんが、ほんのちょっとの手間をかけておくことで、
ラクに毎日の献立をつなげていくことができます。

・食材の使い分け

キャベツや大根のように一度に食べきれない大きな野菜、セロリや春菊のように葉や茎で食感
が違う野菜は、特徴に合わせて使い分けると違った楽しみ方ができ、飽きずに使えます。

・後日の準備

おかずによっては漬けておいたり、煮豚のように途中まで作ってほったらかしにしたほうが、時
間がおいしくしてくれるものもあります。当日の料理を作るついでに、合間にできる程度のことを、
前もって準備しておきます。

・一度に下ごしらえ

レタスを洗う、ほうれん草やブロッコリーをゆでる、乾物をもどすなどは一度に行い、その日に
使わない分は保存しておくほうが、次の調理の際に取りかかりやすく、時間や光熱費の節約に
もなります。

フードロスに、時短に！

ほかに、トマトソースからミートソースに展開できるようなおかずや、
余った野菜ならなんでもいいから作れるレシピを知っておくと便利です。
がんばらない3日間献立は、フードロス、節約、時短にもつながります。
そのうれしさをぜひ味わってみてください。

牛尾理恵

この本の使い方

❶3日間献立の単位です。

❹3日間の献立を書き出しています。

❺がんばらずに献立をつなげていくためのポイントです。食材の使い分け、後日の準備、一度に下ごしらえ、展開おかずに分かれています。

❷3日分の食材と分量です。スーパーのコーナーをもとに仕分けしています。買いもの前には、食品がダブらないように冷蔵庫や食品庫をチェックしましょう。必要なものをメモしたり、スマホで撮影すると便利です。

❸3日間に使用する常備品と調味料のリストです。常備品に米は含まれていません。調味料に「さしすせそ」基本調味料である、砂糖、塩、酢、しょうゆ、みそは含まれていません。これらも買いもの前には忘れずにチェックしましょう。

❻3日間献立の何日目かを表しています。

❼献立の特徴やポイントなどです。

❽前もって準備したり、まとめて下ごしらえするものを太字で表しています。

❾翌日や翌々日のために、今日やっておく準備を記しています。

❿牛尾理恵さんからの役立つアドバイスです。

PART 1

肉・魚を
つなげる献立

日々の生活はチェーンのようにつながっているからこそ、
毎日の献立は同じ食材を使っても、飽きずに食べたいものです。
肉や魚は値段も高いので、1日で使いきるというよりも、
野菜との組み合わせや味つけを変えるなどして、
2〜3日間でうまく配分できる献立を考えましょう。

鶏むね肉 をつなげる

オイル漬けにしてしっとりと!

鶏むね肉は、節約、ダイエット、筋力アップに欠かせない食材。
問題は低脂肪がゆえのパサつきがちな食感です。1日目は小麦粉をふって
舌ざわりをなめらかに。3日目はオイルに漬けにしてしっとりさせます。
途中2日目にサーモンをはさみ、変化のある3日間を味わいましょう。

買い物メモ

野菜コーナー

じゃがいも5個

赤パプリカ1個

黄パプリカ1個

ミニトマト
1パック

貝割れ菜
1パック

ズッキーニ
1本

長ねぎ2本

パセリ1束

セージ
(またはローズマリーなど)
1パック

肉コーナー

鶏むね肉2枚

魚コーナー

サーモン2切れ

乾燥桜えび
1パック(14g)

ストックCHECK

- 片栗粉
- 牛乳
- 小麦粉
- スパゲッティ
- にんにく

調味料CHECK

(基本調味料:砂糖、塩、酢、しょうゆ、みそ以外)

- オリーブ油
- 黒酢(または酢)
- こしょう
- ごま油
- 白ワイン
- 白ワイン酢(または酢)
- 粒マスタード
- (好みで)豆板醤
- 鶏ガラスープの素
- バター
- はちみつ(または酢)
- みりん

献立リスト

1日目

- 鶏むね肉とパプリカの黒酢炒め
- ポテトもち
- 貝割れ菜と桜えびのスープ
- ごはん

2日目

- サーモンの白ワイン蒸し
- パセリとミニトマトのサラダ
- マッシュポテト
- パン（またはごはん）

3日目

- 鶏むね肉のハーブオイルソテー
- 長ねぎと桜えびのパスタ

がんばらない！

つなげるPOINT

- ワイン蒸し（2日目）
- サラダ（2日目）
- ポテトもち（1日目）

食材の使い分け

パセリは飾りにしか使われなくて余りがちですが、実はビタミンC、β-カロテン、鉄、カリウムを豊富に含みます。ゆでれば食べやすくなるのでサラダに、茎は臭み消しに加え、むだなく使います。

1日目

後日の準備

鶏むね肉は、1日目に、にんにくとセージを加えてオリーブ油漬けにしておくことで、味がよくしみ込み、肉質がやわらかくなります。

ADVICE

余ってしまったハーブは冷凍しても香りが飛んでしまうので、オリーブ油に漬けたり、刻んでバターと練り混ぜてハーブバターに。パンにつけたり、料理にも活用できます。

鶏むね肉とパプリカの
黒酢炒め献立

鶏むね肉は黒酢のうまみを利用した炒めものに。大根もちをアレンジした
ポテトもちを添えます。中華献立だけれど、どこか和風。そこがとても新鮮！

鶏むね肉とパプリカの黒酢炒め

コクのある黒酢を加熱して、さらにうまみをアップさせます。

(材料) 2人分

鶏むね肉 … 1枚
　⇒ひと口大に切り、塩小さじ1/4、こしょう少々を
　ふって、小麦粉大さじ1をまぶす

ごま油 … 小さじ2

長ねぎ … 1本
　⇒乱切り

赤・黄パプリカ … 各1/2個
　⇒ひと口大の乱切り

A｜⇒混ぜ合わせる
　黒酢（または酢）、しょうゆ、みりん
　　… 各大さじ1

(作り方)

1 フライパンにごま油を中火で熱し、鶏肉の
全面を5分ほど焼く。長ねぎを加えて1
分ほど炒め、パプリカを加えてさっと炒め
合わせる。

2 Aを回し入れ、全体にからめながら炒め
て、酸味をとばす。

ポテトもち

大根もちをポテトで!? もっとモチモチ！

(材料) 2人分

じゃがいも … 2個
　⇒すりおろす

片栗粉 … 大さじ1

ごま油 … 大さじ1

塩 … ふたつまみ

パセリ … 少々
　⇒みじん切り

しょうゆ、（好みで）豆板醤 … 各適量

(作り方)

1 じゃがいもは片栗粉を加えて混ぜる。

2 フライパンにごま油を中火で熱し、**1**を食
べやすい大きさに広げて焼く。塩、パセリ
をふり、片面2分ずつ焼く。

3 器に盛り、しょうゆ、豆板醤を添える。

貝割れ菜と桜えびのスープ

桜えびは手軽な味だし食材です。

(材料) 2人分

貝割れ菜 … 1パック

乾燥桜えび … 1/2パック

A｜鶏ガラスープの素 … 小さじ1/2
　 水 … 400㎖

塩 … 小さじ1/3

こしょう … 少々

しょうゆ … 小さじ1/2

(作り方)

鍋に**A**と桜えびを入れて煮立て、
貝割れ菜を加える。塩、こしょう、
しょうゆで調味する。

後日の
準備

鶏むね肉を
オイル漬けにする ⋯⋯⋯→

3日目「鶏むね肉のハーブ
オイルソテー」（P15）作り
方**1**までを作っておく。冷
蔵保存する。

ADVICE

先にポテトもちを焼いてから、炒めものを作れば、フライパンを洗う手間が省けます。スープには好みで
卵を加えてもいいです。

サーモンの白ワイン蒸し献立

手が込んでいそうですが、実は驚くほど簡単です。
じゃがいもをゆでる間にメインおかずの準備をしましょう。

サーモンの白ワイン蒸し

なんと！鍋に材料すべてを入れ、ふたをして煮るだけ。

（材料） 2人分

サーモン … 2切れ
⇒塩ふたつまみ、こしょう少々をふる
赤・黄パプリカ … 各1/4個
⇒乱切り
ズッキーニ … 1/2本
⇒1cm厚さの輪切り
にんにく … 1かけ
⇒薄切り
A｜ セージ（またはローズマリーなど）… 2本
｜　 ⇒葉を適当にちぎる
｜ パセリの茎 … 2本分
白ワイン … 100㎖

（作り方）

1 フライパンにサーモン、パプリカ、ズッキーニ、にんにくを入れ、**A**をのせて、白ワインを回し入れる。

2 ふたをし、中火で8分ほど蒸す。パセリの茎を取り除き、器に盛る。

パセリとミニトマトのサラダ

パセリはさっとゆでて、サラダ野菜に！

（材料） 2人分

パセリ … 残り全量
⇒茎を取り除き、手で適当にちぎる
ミニトマト … 1パック
⇒半分に切る
A｜ 粒マスタード、白ワイン酢（または酢）
｜　 … 各小さじ1
｜ オリーブ油 … 小さじ2
｜ 塩 … 小さじ1/3
｜ こしょう … 少々
｜ はちみつ（または砂糖）… 小さじ1

（作り方）

1 鍋に湯を沸かし、塩（分量外。湯500㎖に対して塩小さじ1が目安）を加えて、パセリを30秒ほどゆでる。ざるにあげ、水けを絞る。

2 ボウルに**A**と**1**、ミニトマトを入れてあえる。

マッシュポテト

レシピを知っておくと役立つ料理です。

（材料） 2人分

じゃがいも … 2個
⇒ひと口大に切る
A｜ バター … 20g
｜ 塩 … 小さじ1/4
｜ こしょう … 少々
牛乳 … 50㎖

（作り方）

1 鍋にじゃがいもと水100㎖を入れてふたをし、中火に10分ほどかける。

2 じゃがいもがやわらかくなったら湯を捨て、**A**を加えてつぶす。

3 弱火にかけ、牛乳を少しずつ加えながらなめらかにのばす。

鶏むね肉のハーブオイルソテー献立

オイル漬けの鶏肉と、色とりどりの野菜を香ばしく焼いたイタリアンメニュー。
和食材のパスタは、はまります。

鶏むね肉のハーブオイルソテー

鶏肉は皮目をカリッと焼き、野菜はこんがりと焼き目をつけて。

（材料） 2人分

鶏むね肉 … 1枚
　⇒厚みを観音開きにし、半分に切る

A ｜ 塩 … 小さじ1/2

　　こしょう … 少々

　　にんにく … 1かけ
　　　⇒薄切り

　　セージ（またはローズマリーなど）… 2本
　　　⇒葉を適当にちぎる

オリーブ油 … 大さじ2

じゃがいも … 1個
　⇒皮つきのまま1.5cm厚さの輪切り

ズッキーニ … 1/2本
　⇒縦半分に切る

赤・黄パプリカ … 各1/4個
　⇒縦半分に切る

（作り方） ※1までは1日目に作っておく。

1 鶏肉は**A**をもみ込み、オリーブ油をまぶす。

2 フライパンを中火で熱し、**1**、じゃがいもを並べ入れる。3分ほど焼き、こんがりと焼き色がついたら返す。あいた部分にズッキーニとパプリカを加え、さらに3分ほど焼く。

観音開き

厚みがある部分の中央に切り込みを入れ、そこから左右に切り込んで開き、厚みを均一にします。

長ねぎと桜えびのパスタ

ねぎの甘さと桜えびの香りでいっぱいです。

（材料） 2人分

長ねぎ … 1本
　⇒斜め薄切り

にんにく … 1かけ
　⇒薄切り

バター … 20g

スパゲッティ … 180g

乾燥桜えび … 1/2パック

（作り方）

1 スパゲッティは塩（分量外。湯2ℓに対して塩小さじ4が目安）を加えた熱湯で袋の時間どおりにゆでる。

2 フライパンにバターを弱火で溶かし、長ねぎとにんにくをじっくり5分ほど炒める。

3 桜えびを加えて炒め合わせ、スパゲッティとゆで汁100mℓを加えてさっとからめる。

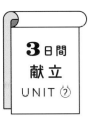

煮豚でおいしく展開!

煮豚は1日目に作りますが、食べるのは2日目。
味がよくしみるので、1日おくほうがおすすめです。1日目は炒めもの。
味つけは煮豚用の合わせ調味料を使って、ひと手間省きます。
3日目は、ゆで卵を煮豚の煮汁に漬けておき、お待ちかね!の煮豚ごはんです。

買い物メモ

野菜コーナー	肉コーナー

チンゲン菜2株

にら1束

豚肩ロース肉(ブロック)
400g

魚コーナー

豆苗1パック

するめいか1ぱい

長ねぎ1本

ミニトマト
1パック

かに風味かまぼこ1パック
(60〜70g)

豆腐コーナー

えのきだけ
大1袋(200g)

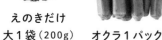

オクラ1パック

絹ごし豆腐1丁

ストックCHECK

- 赤唐辛子
- 片栗粉
- 削り節
- しょうが
- 白炒りごま
- 卵2個
- にんにく

調味料CHECK

(基本調味料:砂糖、塩、酢、しょうゆ、みそ以外)

- 粗びき黒こしょう
- オイスターソース
- こしょう
- ごま油
- 酒
- シナモンパウダー
- だし汁
- 鶏ガラスープの素
- (好みで)練りがらし
- ポン酢しょうゆ
- マヨネーズ

がんばらない！ つなげるPOINT

献立リスト

1 日目

- いかとチンゲン菜の
  中華スパイス炒め
- かにかまと豆苗のサラダ
- ねぎとえのきのスープ
- ごはん

2 日目

- 煮豚
- にらとえのきの
  香味あえ
- 豆苗とトマトの
  みそスープ
- ごはん

3 日目

- 漬け卵のせ
  煮豚ごはん
- かにかま豆腐
- ミニトマトと
  オクラのサラダ

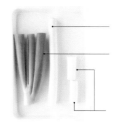

	スープ（1日目）
	煮豚（2日目）
	白髪ねぎ（3日目）

食材の使い分け

長ねぎの青い部分は香りが強いので捨てられがちですが、ここではそれを逆に生かして煮豚の香味に利用します。下の部分は巻きが多いので白髪ねぎに（前日に切って水にさらしておくとふわふわになる）。主要部分はスープ用です。

1 日目

後日の準備

2日目の煮豚を作ります。煮豚は途中で調味料を加える以外は火にかけておくだけ。その間に当日のおかず3品が作れます。

2 日目

後日の準備

ゆで卵を煮豚の煮汁に漬けます。

17

いかとチンゲン菜の 中華スパイス炒め献立

オイスターソース味の主菜×マヨネーズ味の副菜、味の変化が食べる楽しさを広げます。

いかとチンゲン菜の中華スパイス炒め

スカッとするスパイス使いが新鮮！ シナモンによって、いか独特のにおいが抑えられます。

（材料） 2人分

するめいか … 1ぱい
⇒さばいて、胴は1.5cm幅の輪切り、
足は吸盤を取り除いて2〜3本に分ける

チンゲン菜 … 2株
⇒3cm長さのざく切りにし、茎は縦4等分にする

ごま油 … 大さじ1

煮豚用調味料 ⇒下記を混ぜ合わせる。そのうちの
大さじ1を使用。残りは2日目の煮豚に使う

オイスターソース、砂糖 … 各大さじ4

しょうゆ、酒 … 各大さじ6

赤唐辛子 … 1本
⇒種を取る

A ┌ シナモンパウダー（またはカレー粉）… ふたつまみ
└ 塩、こしょう … 各少々

（作り方）

1 フライパンにごま油を中火で熱し、いかを炒める。8割ほど火が通ったら、チンゲン菜を茎、葉の順に加えながらさっと炒める。

2 煮豚用調味料と**A**で調味する。

煮豚用の合わせ調味料を作り、大さじ1を炒めものの調味に使います。

かにかまと豆苗のサラダ

B級食材同士ならではのクセになる一品。

（材料） 2人分

豆苗 … 1/2パック
⇒半分に切る

かに風味かまぼこ … 1/2パック
⇒ほぐす

A ┌ マヨネーズ … 小さじ2
│ 酢 … 小さじ1
│ 塩 … ひとつまみ
└ こしょう … 少々

（作り方）

豆苗とかに風味かまぼこを**A**であえる。

ねぎとえのきのスープ

うまみがあり、火が通りやすい食材でパパッと。

（材料） 2人分

長ねぎ … 3/4本
⇒縦半分に切って斜め薄切り

えのきだけ … 大1/2袋
⇒半分に切る

ごま油 … 小さじ2

A ┌ 水 … 400ml
│ 鶏ガラスープの素
└ … 小さじ1

B ┌ 塩 … 小さじ1/3
└ こしょう … 少々

（作り方）

1 鍋にごま油を中火で熱し、長ねぎを炒める。しんなりしたら、えのきだけを加えてさっと炒める。

2 **A**を加え、煮立ったら3分煮て、**B**で味を調える。

後日の準備

煮豚を作る ┈┈┈┈➡

2日目「煮豚」(P21)作り方**2**までを作っておく。容器に移し、冷蔵保存する。

ADVICE

お菓子でおなじみのシナモンは、料理にも使えます。いかやえびに使えばエキゾチックなアクセントに。ハンバーグに加えれば食欲を誘います。くれぐれも使う量は少しで。

煮豚献立

煮豚はそれだけをドンと盛り、がっつりといただきます。
野菜は副菜とスープにまとめ、見た目にメリハリを！

煮豚

しっとりと味がしみた肉が口の中で溶けていく、これぞ口福です。

（材料） 2人分

豚肩ロース肉（ブロック）… 400g
　⇒たこ糸で巻く（ネットで包んであるものを
　　購入してもよい）

長ねぎ（青い部分）… 1本分

しょうが … 1かけ
　⇒薄切り

にんにく … 1かけ
　⇒薄切り

煮豚用調味料（1日目に作ったもの）
　　… 残り全量

（好みで）練りがらし … 適量

（作り方） ※2までは1日目に作っておく。

1 鍋に豚肉、長ねぎ、しょうが、にんにくを入れ、かぶ
るほどの水を注ぐ。ふたをして強火にかけ、煮立っ
たら弱火で30分ほど煮る。途中でアクが出てきた
ら取り除く。

2 ふたを取り、煮豚用調味料を加える。途中で上下
を返し、そのまま20分ほど煮る。煮汁が半分ほど
に煮つまったら火を止め、そのまま冷ます。

3 煮豚は温め直し、3/4量ほどを薄切りにして器に
盛る。好みで練りがらしを添える。
※残りの肉と煮汁は3日目用に冷蔵保存する。

にらとえのきの香味あえ

中華ながらも、削り節で和風の味わい。

（材料） 2人分

にら … 2/3束
　⇒3cm長さのざく切り

えのきだけ … 1/2パック
　⇒半分に切る

A　にんにく … 1/2かけ
　　　⇒すりおろす
　削り節 … 3g
　白炒りごま、しょうゆ、ごま油 … 各小さじ1
　塩 … ふたつまみ

（作り方）

1 鍋に湯を沸かし、にら、えのきだけをさっ
とゆでる。ざるにあげ、粗熱を取る。

2 ボウルにAを合わせ、1の水けを絞って加
え、あえる。

豆苗とトマトのみそスープ

トマトのキリッとした酸味が煮豚にぴったり合います。

（材料） 2人分

豆苗 … 1/2パック
　⇒半分に切る

ミニトマト … 1/2パック
　⇒半分に切る

だし汁 … 400ml

みそ … 小さじ2

塩 … 小さじ1/4

粗びき黒こしょう … 少々

（作り方）

1 鍋にだし汁を熱し、豆苗とミ
ニトマトを入れてさっと煮
る。みそを溶き入れ、塩で味
を調える。

2 器に盛り、黒こしょうをふる。

（後日の準備）

ゆで卵を作って
煮豚の汁に漬ける

3日目「漬け卵のせ煮豚ご
はん」（P23）用に、ゆで
卵2個を作り、残りの煮
豚と一緒に煮汁に漬けて、
漬け卵を作る。冷蔵保存
する。

ADVICE

翌日の漬け卵用ゆで卵はお好みのゆで加減でいいですが、とろ～り半熟卵がお好きなら、沸騰した湯に
入れてから7分30秒で冷水に取ってください。

漬け卵のせ煮豚ごはん献立

食べごたえのある煮豚ごはんに、やさしい味の豆腐の煮ものを合わせれば、
おなかも心も落ち着きます。

漬け卵のせ煮豚ごはん

"残りものには福がある"は本当！ 白髪ねぎをのせるとひと味違います。

（材料） 2人分

煮豚（2日目のもの）… 1/4 量
　⇒1cm角に切る

漬け卵（2日目に漬けたもの）… 2 個

長ねぎ … 1/4 本
　⇒長さを半分に切る。縦に切り込みを入れて開き、
　　繊維に沿ってせん切りにして水にさらす（白髪ねぎ）

温かいごはん … 茶碗 2 杯分

（作り方）

1　煮豚を取り出したあとの煮汁大さじ2を半量ほどになるまで煮つめる。

2　ごはんに煮豚を加えて混ぜ合わせ、器に盛る。1を回しかけ、半分に切った漬け卵、白髪ねぎをのせる。

かにかま豆腐

かにかま＆にらで、中華料理店にも負けない味。

（材料） 2人分

絹ごし豆腐 … 1 丁
　⇒3cm角程度に切り、ペーパータオルにのせて
　　水けをきる

かに風味かまぼこ … 1/2 パック
　⇒ほぐす

にら … 1/3 束
　⇒3cm長さのざく切り

A　│　水 … 200㎖
　　│　鶏ガラスープの素 … 小さじ1

塩 … 小さじ1/2

水溶き片栗粉⇒混ぜ合わせる
　　│　片栗粉、水 … 各小さじ2

（作り方）

1　鍋にAを入れて熱し、豆腐、かに風味かまぼこ、にらを加えて中火で3分ほど煮る。

2　塩で味を調え、水溶き片栗粉でとろみをつける。

ミニトマトとオクラのサラダ

ポン酢しょうゆベースだからごはんに合います。

（材料） 2人分

ミニトマト … 1/2 パック
　⇒半分に切る

オクラ … 1 パック
　⇒ガクのまわりをぐるりとむく。塩適量を
　　ふってまな板にのせ、手で転がす（板ずり）

A　│　ポン酢しょうゆ … 大さじ1
　　│　ごま油 … 小さじ1
　　│　白炒りごま … 小さじ2

（作り方）

1　オクラは熱湯で1分ほどゆで、冷水にとって、斜め半分に切る。

2　ボウルにAを合わせ、1とミニトマトを加えてあえる。

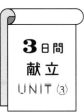

3日間献立 UNIT ③

合いびき肉 をつなげる

肉だねとミートソースに分けて！

1日目は合いびき肉を肉だねにして詰め焼きに。残りは3日目のミートソースに。
ただし、ひき肉は傷みやすいので、2日目にトマトソースを作ったら、
ついでにミートソースも作っておくと安心できるし、ラクチンです！

買い物メモ

野菜コーナー	肉コーナー

野菜コーナー

にんじん1本　玉ねぎ1個

かぶ1束
（5個）

セロリ1本

しいたけ
1パック
（6個）

カットトマト缶
1缶（400g）　レモン1個

肉コーナー

合いびき肉400g

魚コーナー

ツナ缶1缶（70g）

豆腐コーナー

厚揚げ1枚

その他

モッツァレラ　　ひよこ豆水煮缶
チーズ1個（100g）　1缶（100g）

ストックCHECK

- 片栗粉
- 粉チーズ
- しょうが
- スパゲッティ
- 卵1個
- にんにく

調味料CHECK

（基本調味料：砂糖、塩、
酢、しょうゆ、みそ以外）

- 赤ワイン
- 粗びき黒こしょう
- オリーブ油
- 顆粒コンソメ
  スープの素
- カレー粉
- こしょう
- 酒
- サラダ油
- だし汁
- 中濃ソース
  （または好みのソース）
- （好みで）豆板醤
- トマトケチャップ
- バター
- みりん
- ローリエ

献立リスト

1
日目

- しいたけの肉詰め焼き
- 焼きかぶのホットサラダ
- セロリの葉のみそ汁
- ごはん

2
日目

- 厚揚げのトマトグラタン
- セロリとかぶのマリネ
- にんじんと
  しょうがのスープ
- パン（またはごはん）

3
日目

- ミートソーススパゲッティ
- ひよこ豆のカレーマリネ
- かぶのポタージュ

がんばらない！

つなげるPOINT

みそ汁
（1日目）

マリネ
（2日目）

ミートソース
（3日目）

食材の使い分け

セロリは、メインの茎は歯ざわりを
生かしてマリネにします。葉と細い
茎は捨ててしまいがちですが、香
りが強い葉はみそとの相性がよい
のでみそ汁に、筋っぽい小枝は細
かく刻んでミートソースの香味野菜
として役立てます。

展開おかず

トマトソースは作っておくと利用価
値大のおかずの素。2日目はその
ままトマトソースとして使い、3日目
は合いびき肉と刻んだ野菜、赤ワイ
ンなどを加えて、ミートソースに
アレンジします。ミートソースは2日
目のトマトソースのついでに仕込ん
でおくと（1日目でもよい）、さらに
味がなじんでおいしくなります。

ADVICE

合いびき肉とトマト缶はスーパー
の"お買い得"にされることが
多い食品。タイミングよく見つ
けたら、迷わずに買います。

しいたけの肉詰め焼き献立

甘辛味の肉詰め焼きには、少し酸味がある野菜おかずを。
みそ汁はふところが深く、具は自由自在。残りものでも充分です。

しいたけの肉詰め焼き

肉汁としいたけのうまみが口の中でジュワ〜と一体化。

（材料） 2人分

合いびき肉 … 200g
A 玉ねぎ … 1/4個
　　⇒みじん切り
　溶き卵、片栗粉 … 各大さじ1
　塩 … 小さじ1/4
　こしょう … 少々
しいたけ … 1パック
　⇒軸を取り除く（軸は3日目のミートソースに使う）
サラダ油 … 小さじ2
B しょうゆ、みりん … 各大さじ1
　砂糖、しょうが汁 … 各小さじ1
（好みで）豆板醤 … 適量

（作り方）

1 合いびき肉はよく練り、Aを加えて練り合わせる。

2 しいたけの内側に片栗粉（分量外）を薄くふり、1を詰める。

3 フライパンにサラダ油を中火で熱し、2を肉側から焼く。3分ほどこんがりと焼いて返し、さらに3分ほど焼く。最後にBを加えて煮からめる。好みで豆板醤を添える。

焼きかぶのホットサラダ

みずみずしさと香ばしさを同時に味わえます。

（材料） 2人分

かぶ … 2個
　⇒葉つきのまま縦3等分に切る
サラダ油 … 大さじ1
A 塩 … ふたつまみ
　こしょう … 少々
　しょうゆ … 小さじ1/2
レモン … 1/4個
　⇒縦半分のくし形切り

（作り方）

1 フライパンにサラダ油を中火で熱し、かぶを片面2分ずつ焼き、Aをふる。

2 器に盛ってレモンを添え、果汁をしぼっていただく。

セロリの葉のみそ汁

みそ汁はスープです。既成概念が変わります！

（材料） 2人分

セロリの葉 … 1本分
　⇒ざく切り
だし汁 … 400ml
溶き卵 … 残り全量
みそ … 大さじ1と1/2
オリーブ油 … 小さじ1
粉チーズ … 小さじ2

（作り方）

1 鍋にだし汁を煮立て、セロリの葉を入れる。中火にして再び煮立ったら、溶き卵を回し入れ、みそを溶き入れる。

2 器に盛り、オリーブ油を回しかけて、粉チーズをふる。

ADVICE

肉だねやフライ衣で残った溶き卵は、できるだけ早く使いきりたい。困ったら、みそ汁の具にどうぞ。

厚揚げのトマトグラタン献立

野菜たっぷりのヘルシー献立。厚揚げは和風おかずだけでなく、洋風にもアレンジ可能です。

厚揚げのトマトグラタン

ツナトマトソースと、とろけるモッツァレラ、二重のコクで淡白な厚揚げを補います。

（材料） 2人分

厚揚げ … 1枚
　⇒ひと口大に切る
ツナ缶 … 小1缶
　⇒缶汁をきる
トマトソース⇒下記の材料で作り、そのうちの1/2量
を使用。残りは3日目のミートソースに使う

　玉ねぎ … 3/4個
　　⇒みじん切り
　にんにく … 1かけ
　　⇒みじん切り
　オリーブ油 … 大さじ1
　カットトマト缶 … 1缶
　ローリエ … 1枚
　A ｜ 砂糖、しょうゆ、塩 … 各小さじ1
　　　｜ こしょう … 少々
モッツァレラチーズ … 1個
粗びき黒こしょう … 少々

（作り方）

1 トマトソースを作る。フライパンにオリーブ油を中火で熱し、玉ねぎ、にんにくを炒める。しんなりしたらカットトマト、ローリエを加えてふたをし、弱めの中火で10分ほど煮る。**A**で調味し、ひと煮する。
※1/2量を3日目のミートソース用に取り分ける。

2 耐熱性の器に厚揚げとツナを入れ、**1**をかける。モッツァレラチーズをちぎってのせ、黒こしょうをふる。

3 オーブントースターで10分ほど（オーブンなら230℃で10分ほど）焼く。

セロリとかぶのマリネ

塩もみしてレモン汁とオリーブ油をかけるだけ。

（材料） 2人分

セロリの茎 … 1本分
　⇒斜め薄切り
かぶ … 1個
　⇒薄い半月切り
塩 … セロリの茎とかぶの
　重量の1.5%（約小さじ1/2）
A ｜ オリーブ油 … 小さじ2
　　｜ レモン汁 … 1/2個分
　　｜ こしょう … 少々

（作り方） ※**2**までは1日目に作っておいてもよい。

1 セロリとかぶに塩をふって軽くもむ。

2 **1**の水分が出てきたら水けをしっかりと絞る。

3 **2**をボウルに入れ、**A**を加えてあえる。

にんじんとしょうがのスープ

しょうがの香りでにんじん臭さがマイルドに。

（材料） 2人分

にんじん … 3/4本
　⇒せん切り
しょうが … 1かけ
　⇒せん切り
バター … 10g
ローリエ … 1枚
塩 … 小さじ1/3
こしょう … 少々

（作り方）

鍋にバターを溶かし、にんじんとしょうがを中火で炒める。水400㎖、ローリエを加え、ふたをして5分ほど煮、塩、こしょうで味を調える。

（後日の準備）

ミートソースを作っておいても

できれば、3日目「ミートソーススパゲッティ」（P31）作り方**1**までを作っておくとよい。ひき肉が傷みやすいこともあるが、ミートソースは寝かせることで味がなじむ。

ミートソーススパゲッティ献立

パスタとポタージュがあれば、野菜は充分に摂れるから、
副菜はサラダではなく、ひよこ豆のマリネに。

ミートソーススパゲッティ

残しておいたしいたけの軸でうまみを増強、中濃ソースを加えてまろやかに。

（材料） 2人分

合いびき肉 … 200g

A にんじん … 1/4本
　　⇒みじん切り
　　セロリの小枝 … 1本分
　　⇒みじん切り
　　しいたけの軸 … 1パック分
　　⇒みじん切り

バター … 10g

赤ワイン … 50㎖

B **トマトソース**（2日目に作ったもの）… 残り全量
　　中濃ソース（または好みのソース）… 大さじ1/2
　　トマトケチャップ … 大さじ1と1/2

スパゲッティ … 200g

粉チーズ … 大さじ1

（作り方） ※**1** までは2日目に作っておくとよい。
その場合は温め直す。

1 フライパンにバターを中火で溶かし、**A**と合いびき肉を炒める。全体に火が通ったら赤ワインを加えてひと煮立ちさせ、**B**を加えて3分ほど煮る。

2 スパゲッティは塩（分量外。湯2ℓに対して塩小さじ4が目安）を加えた熱湯で袋の時間どおりにゆで、器に盛る。**1**をかけ、粉チーズをふる。

ひよこ豆のカレーマリネ

ワインのおつまみにも最適、売り切れ必至！

（材料） 2人分

ひよこ豆水煮缶 … 1缶

にんにく … 1/2かけ
　⇒すりおろす

A オリーブ油 … 小さじ2
　　レモン汁 … 1/4個分
　　塩、カレー粉 … 各小さじ1/4
　　こしょう … 少々

（作り方）

材料すべてをボウルに入れてあえる。

かぶのポタージュ

みそのかすかな香りに食欲がくすぐられます。

（材料） 2人分

かぶ … 2個
　⇒すりおろす

かぶの葉 … 2個分
　⇒小口切り

A 水 … 200㎖
　　酒 … 大さじ1
　　顆粒コンソメスープの素
　　　… 小さじ1

B 塩 … 小さじ1/3
　　こしょう … 少々
　　みそ … 小さじ1/2

水溶き片栗粉⇒混ぜ合わせる
　片栗粉、水 … 各小さじ2

（作り方）

1 鍋にかぶ、かぶの葉、**A**を入れて煮立て、中火で1分ほど煮る。

2 **B**で味を調え、水溶き片栗粉でとろみをつける。

牛切り落とし肉 と 豆腐 をつなげる

サラダとスープ、かき揚げと白あえで!

牛切り落とし肉はレタスと組み合わせて、見た目にも迫力があるサラダに、
残りは意表を突いて、しょうゆ味の和風スープに仕立てます。
こうすると、レタスは丸ごと1個、外葉も残らず使いきれます。
ワンパターンになりがちな豆腐は、目先を変えて、かき揚げと白あえに。

買い物メモ

野菜コーナー	肉コーナー	ストックCHECK

野菜コーナー

レタス1個

ごぼう2本

ピーマン1袋
（5個）

みょうが
1パック
（3個）

まいたけ1パック
（100g）

肉コーナー

牛切り落とし肉300g

魚コーナー

さば水煮缶1缶

豆腐コーナー

絹ごし豆腐1丁

ストックCHECK

- 片栗粉
- 削り節
- 小麦粉
- 白すりごま

調味料CHECK
（基本調味料：砂糖、塩、酢、しょうゆ、みそ以外）

- 揚げ油
- 顆粒コンソメ
  スープの素
- カレー粉
- こしょう
- ごま油
- （好みで）七味唐辛子
- だし汁
- バター
- ポン酢しょうゆ
- マヨネーズ

1 日目

- 牛肉炒めの
  ごちそうサラダ
- ごぼうとまいたけの
  コンソメスープ
- ごはん

2 日目

- 豆腐とごぼうの
  変わりかき揚げ
- さば缶とピーマンの
  マヨあえ
- 牛肉とレタスの
  スープ
- ごはん

3 日目

- さば缶とごぼうの
  炊き込みごはん
- レタスの白あえ
- 炒めピーマンのみそ汁

がんばらない！
つなげるPOINT

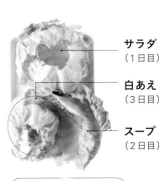

サラダ
（1日目）

白あえ
（3日目）

スープ
（2日目）

食材の使い分け

レタスの外葉はゴワゴワしてかたい
ので、スープに加えて加熱します。
中央部は量もあり、水分もたっぷ
り含んでいるのでサラダに。芯に
近い部分はやわらかさを利用して、
塩もみしてから白あえにします。

1日目

後日の準備

1日目で使ったみょうがの残りは甘
酢に漬けておき、3日目の炊き込
みごはんに混ぜます。

2日目

後日の準備

2日目で残った豆腐は、塩をまぶし
て水分を抜いておき、3日目の白あ
え衣に用います。

牛肉炒めのごちそうサラダ献立

主菜はドーンと肉のサラダです。スープには食物繊維の多い野菜を加え、
もっと体によい食事に。

牛肉炒めのごちそうサラダ

レタスがシャキシャキでジューシー！炒めた牛肉が具であり、調味料！

（材料）2人分

牛切り落とし肉 … 200g

レタス … 1/2個強
　⇒食べやすくちぎり、冷水につけてシャキッとさせ、
　水けをしっかり取る

みょうが … 1個
　⇒小口切り

ごま油 … 小さじ2

塩 … 小さじ1/3

こしょう … 少々

ポン酢しょうゆ … 大さじ2

（作り方）

1 フライパンにごま油を中火で熱し、牛肉を入れる。塩、こしょうをふって炒め、火が通ったらポン酢しょうゆで調味する。

2 器にレタスを敷き、**1**を盛って、みょうがをのせる。

ごぼうとまいたけのコンソメスープ

ごぼうとまいたけをバターでよく炒めるのがコツ。

（材料）2人分

ごぼう … 1/2本
　⇒皮をこそげ取り、斜め薄切り

まいたけ … 1パック
　⇒ほぐす

バター … 10g

A ｜ 水 … 400mℓ
　｜ 顆粒コンソメスープの素 … 小さじ1/2

塩、しょうゆ … 各小さじ1/2

こしょう … 少々

（作り方）

1 鍋にバターを中火で溶かし、ごぼうとまいたけを炒める。全体にしっかりと油がまわり、まいたけがしんなりとしてきたら、**A**を加える。

2 ふたをし、煮立ったら5分ほど煮て、塩、しょうゆ、こしょうで調味する。

（後日の準備）

みょうがを甘酢漬けにする ┈┈→

3日目「さば缶とごぼうの炊き込みごはん」（P39）用に、みょうが2個を縦半分に切ってポリ袋に入れ、酢大さじ1、砂糖小さじ1、塩小さじ1/4を加えて、袋の上からもむ。袋の口をとじ、冷蔵保存を。

豆腐とごぼうの変わりかき揚げ献立

がんもどき風かき揚げ、さば缶のマヨサラダ風、牛肉スープの和風献立。
思いのほかボリュームがあります。

豆腐とごぼうの変わりかき揚げ

ふんわりやわらかく、甘く、口に入れると豆腐の香りがふわっとのぼります。

(材料) 2人分

絹ごし豆腐 … 2/3丁
　⇒ペーパータオルで包み、
　　10分ほどおいて水きりする
ごぼう … 1本
　⇒ささがき
A　小麦粉、片栗粉 … 各大さじ2
　　塩 … 小さじ1/4
　　砂糖 … 小さじ1
揚げ油 … 適量

(作り方)

1　豆腐とごぼう、Aを混ぜ合わせる。

2　フライパンに揚げ油を1cm深さほど入れて中火で熱する。1を食べやすい大きさに分けて落とし入れ、返しながら揚げる。

3　器に盛り、塩（分量外）を添えていただく。

少ない油で揚げるので、かき揚げの周囲が色づいてきたら返して、片面ずつ焼くように揚げます。

さば缶とピーマンのマヨあえ

個性が強いもの同士をしょうゆがまとめます。

(材料) 2人分

ピーマン … 3個
　⇒横1cm幅に切り、熱湯で20秒ほどゆで、
　　ざるにあげる
さば水煮缶 … 1/2缶（缶汁は3日目に使用）
A　マヨネーズ … 大さじ1
　　しょうゆ … 小さじ1/2

(作り方)

ボウルに粗熱が取れたピーマンとさば水煮を入れ、Aを加えてあえる。

牛肉とレタスのスープ

1日目と同じ組み合わせですが、調理法を変えて。

(材料) 2人分

牛切り落とし肉 … 100g
レタス（外葉）… 2枚
しょうゆ … 小さじ1/2
だし汁 … 400ml
塩 … 小さじ1/2
こしょう … 少々

(作り方)

1　鍋を中火で熱し、油をひかずに牛肉を炒める。しょうゆを加えて混ぜ、だし汁を加える。

2　煮立ったらレタスをちぎって加え、塩、こしょうで味を調える。

(後日の準備)

豆腐 に塩をふる

3日目「レタスの白あえ」（P39）用に、残りの豆腐1/3丁に塩小さじ1/3をふってまぶし、水きりしながら、冷蔵保存する。

ADVICE

開封した缶詰は変質が起きやすいので、保存容器に移します。さば缶は内側が塗装されていますが、心配ないとは言えません。数日以内に使いきれないときは保存容器に移しましょう。

さば缶とごぼうの
炊き込みごはん献立

さば缶でごはん、みそと相性のよいピーマンで
みそ汁、白あえが全体をマイルドにまとめます。

さば缶とごぼうの炊き込みごはん

カレー粉がさば缶のクセを抑え、食欲増進の推進役。

（材料）　2～3人分

米 … 1.5合
　⇒洗って、ざるにあげる

さば水煮缶 … 1/2缶

ごぼう … 1/2本
　⇒ささがきにし、水に3分ほどさらす

A　塩、カレー粉、しょうゆ
　　　… 各小さじ1/2
　　こしょう … 少々

みょうがの甘酢漬け（1日目に漬けたもの）
　　　… 2個分
　　⇒粗めに刻む

（作り方）

1 さば缶を身と缶汁に分け、缶汁に水を足して300mlにする。

2 鍋に、米、ごぼう、**1**、**A**を入れてさっと混ぜ、ふたをする。強火にかけ、沸騰したら弱火にし、12分炊く（炊飯器で炊く場合は、他の材料と一緒に、さば水煮を缶汁ごと入れ、水を1.5合ラインまで加えてさっと混ぜる）。

3 炊き上がったら軽く混ぜて10分ほど蒸らし、みょうがを加えてさっと混ぜる。

カレー粉はカレー風味にするというよりは、さばの臭みを消すために加えます。

レタスの白あえ

レタスは塩もみするだけだからすぐに作れます。

（材料）　2人分

レタス … 1/2個弱
　⇒細切りにし、塩小さじ1/3をふってもみ、
　10分ほどおいて水けをしっかりと絞る

絹ごし豆腐（2日目に塩をふったもの）… 1/3丁
　⇒水けをふく

A　ごま油、しょうゆ … 各小さじ1/2
　　白すりごま … 大さじ2
　　砂糖 … 大さじ1
　　しょうゆ … 小さじ1/2

（作り方）

1 ボウル（あればすり鉢）に豆腐を入れ、すりこ木やヘラなどでつぶす。なめらかになったら、**A**を加えて混ぜ合わせる。

2 レタスを加えてあえる。

炒めピーマンのみそ汁

炒めてコクとうまみをアップ。

（材料）　2人分

ピーマン … 2個
　⇒手でちぎる（種が入ってもよい）

ごま油 … 小さじ1

だし汁 … 400ml

みそ … 大さじ1と1/2

削り節 … 適量

（好みで）七味唐辛子 … 少々

（作り方）

1 鍋にごま油を中火で熱し、ピーマンをあまり返さずに焼き色がつくように炒め、だし汁を加える。煮立ったらみそを溶き入れてひと煮する。

2 器に盛り、削り節をのせて、好みで七味唐辛子をふる。

かつお をつなげる

カルパッチョと自家製ツナで!

1さくでは食べきれないこともあるかつおをつなげます。
フレッシュなうちは生でいただき、残りは油で煮て、ツナを作ります。
難しそうですが、材料を入れた鍋をごく弱火に30分ほどかけておくだけ!
缶詰もいいですが、手作りはまた格別です。

買い物メモ

野菜コーナー

きゅうり3本

しめじ1パック
（100g）

長いも1本（500g）

玉ねぎ1個

青じそ1束
（10枚）

ブロッコリー1個

肉コーナー

鶏ささみ4本

魚コーナー

かつお（刺身用）1さく
（300g）

その他

大豆水煮1缶
（100g）

ストックCHECK

- 片栗粉
- 刻みのり
- 牛乳
- 白炒りごま
- 白すりごま
- 白練りごま
- 卵1個
- ドライパン粉
- にんにく

調味料CHECK

（基本調味料：砂糖、塩、
酢、しょうゆ、みそ以外）

- オリーブ油
- こしょう
- 酒
- サラダ油
- だし汁
- 鶏ガラスープの素
- バター
- （好みで）バルサミコ酢
- みりん
- ローリエ

献立リスト

1 日目

- かつおのカルパッチョ
- ブロッコリーの
  カリカリパン粉がけ
- しめじと長いもの
  ポタージュ
- ごはん

2 日目

- ささみときゅうりの
  にんにく炒め
- ブロッコリーのごまあえ
- とろろ
- ごはん

3 日目

- かつおツナのちらしずし
- 大豆の甘辛炒め
- 玉ねぎとしめじの
  お吸いもの

がんばらない！
つなげるPOINT

1 日目

後日の準備

1日目にカルパッチョで味わったかつおの残りは、傷まないように、その日のうちに油で煮てツナにし、3日のちらしずしに使います。

一度に下ごしらえ

ブロッコリーは一度に食べきれなくても、まとめてゆでて、1日目と2日目の2回に分けて使うほうが手間が省けます。

2 日目

後日の準備

2日目のきゅうりを切るついでに、3日目のきゅうりも切って塩もみしておくと、時短になります。

かつおのカルパッチョ献立

和洋折衷の味が白ごはんと合います。なめらかな舌ざわりのメインと
カリカリのサブ、食感もまた、ごちそうです。

かつおのカルパッチョ

和風の薬味をたっぷりきかせ、しょうゆと
バルサミコ酢、オリーブ油のドレッシングで。

(材料) 2人分

かつお (刺身用) … 2/3さく
　⇒薄いそぎ切り

玉ねぎ … 1/4個
　⇒みじん切り (辛みが強ければ水にさらす)

青じそ … 4枚
　⇒5mm角に切る

A ｜ ⇒混ぜ合わせる
　｜ オリーブ油、バルサミコ酢 (または酢)
　｜ 　… 各小さじ2
　｜ しょうゆ … 小さじ1
　｜ 塩 … 小さじ1/4
　｜ こしょう … 少々

(作り方)

器にかつおを並べて、玉ねぎ、青じそを散
らし、Aを回しかける。

しめじと長いもの
ポタージュ

クリーミーでふわふわと軽く、体にやさしい。

(材料) 2人分

しめじ … 1/2パック
　⇒ほぐす

長いも … 150g
　⇒いちょう切り

バター … 10g

A ｜ 牛乳 … 200㎖
　｜ 塩 … 小さじ1/2
　｜ こしょう … 少々

しょうゆ … 少々

(作り方)

1 鍋にバターを中火で溶かし、しめ
じと長いもを炒める。全体に油が
まわったら水50㎖を加えて、5
分ほど蒸し煮にする。

2 ミキサーに1を入れ、Aを加えて
なめらかにする (ハンドブレンダー
にかけてもよい)。

3 器に盛り、しょうゆを回しかける。

ブロッコリーの
カリカリパン粉がけ

ゆで野菜のイメージが一変します。

(材料) 2人分

ブロッコリー (下記のやり方でゆでたもの) … 1/2量
　⇒1個を小房に分け、熱湯2ℓに塩小さじ4を加えて1分
　30秒〜2分ほどゆでる。ざるにあげ、ペーパータオルを
　敷いたバットに房を下にして並べる (残り1/2量は2日目
　に使用)

A ｜ ドライパン粉 … 30g
　｜ にんにく … 1かけ
　｜ 　⇒みじん切り
　｜ オリーブ油 … 大さじ1と1/2
　｜ 塩 … ふたつまみ
　｜ こしょう … 少々

(作り方)

1 耐熱ボウルにAを入れて混ぜる。

2 1にラップをせず、電子レンジで1分加熱する。
取り出して全体を混ぜ、再び電子レンジで1分
加熱する。

3 2をもう1回繰り返す。

4 器にゆでブロッコリーを盛り、3をふりかける。

(後日の準備)

かつおツナを作る ┄┄┄➤

3日目「かつおツナのちらしずし」
(P47) 用。かつおの残り1/3さ
くに塩小さじ1/3、こしょう少々
をまぶし、小さめのフライパンに
入れて、ひたひたのサラダ油、つ
ぶしたにんにく1かけ、ローリエ
1枚を加える。ごく弱火にかけ、
30分ほどじっくり煮る。冷めた
ら容器に移し、冷蔵保存する。

ADVICE

残りの玉ねぎは縦薄切り、しめじはほぐして3日目の吸いもの用に冷凍するのがおすすめ。火の通りが早く、
うまみも出やすくなります。

ささみときゅうりの
にんにく炒め献立

にんにくのパンチがきいた炒めものに、ごまあえととろろ。
元気が出る組み合わせです。

ささみときゅうりのにんにく炒め

ささみはじっくり味がしみるように、きゅうりはパリパリに炒めます。

(材料) 2人分

鶏ささみ … 4本
⇒2cm厚さのそぎ切りにし、塩 小さじ
1/4、こしょう少々、酒小さじ1、鶏ガラ
スープの素小さじ1/2をもみ込む

きゅうり … 2本
⇒1cm厚さの斜め切り

片栗粉 … 大さじ1

にんにく … 1かけ
⇒薄切り

サラダ油 … 大さじ1

A 塩 … 小さじ1/4
こしょう … 少々
しょうゆ … 小さじ1

(作り方)

1 ささみは片栗粉をまぶす。フライパンにサ
ラダ油、にんにくを入れて中火で熱し、さ
さみを片面2分ずつ焼く。

2 きゅうりを加えてさっと炒め合わせ、Aで
調味する。

ブロッコリーのごまあえ

定番の味。Wのごま使用でグンとコクうま。

(材料) 2人分

ブロッコリー(1日目にゆでたもの) … 1/2量

A 白練りごま … 大さじ2
白すりごま … 大さじ1
砂糖、しょうゆ … 各小さじ1
塩 … ふたつまみ

(作り方)

ボウルにAを混ぜ合わせ、ゆでブロッコリー
を加えてあえる。

とろろ

長いもならではのさらっとした口あたり。

(材料) 2人分

長いも … 残り全量
⇒すりおろす

青じそ … 3枚
⇒せん切り

しょうゆ … 適量

(作り方)

器に長いもを盛って青じそをのせ、しょうゆ
をかける。好みでごはんにかけていただく。

後日の
準備

塩もみきゅうりを作る ·······▶

3日目「かつおツナのちらしずし」(P47)
用に、残りのきゅうり1本を小口切り
にし、塩小さじ1/4をふって塩もみし
ておく。容器に移し、冷蔵保存する。

かつおツナのちらしずし献立

自家製ツナの出番です。ツナの油が加わり、すしにうまみが増します。
おつまみ風大豆と汁を添えて。

かつおツナのちらしずし

ツナは手作りしてよかった！と思える一品。パスタ、あえものにも使えます。

材料 2人分

かつおツナ（1日目に作ったもの）
… 全量（かつお1/3さく分）
⇒ほぐす

塩もみきゅうり（2日目に作ったもの）
… 1本分
⇒水けを絞る

卵 … 1個
⇒割りほぐす

サラダ油 … 適量

青じそ … 3枚
⇒せん切り

白炒りごま … 小さじ2

刻みのり … 適量

温かいごはん … 400g

A │ ⇒混ぜ合わせる
　│ 酢 … 大さじ1
　│ 砂糖 … 小さじ1
　│ 塩 … 小さじ1/4

作り方

1　フライパンを熱してサラダ油を薄く広げ、溶き卵を流し入れて薄焼き卵を作る。細切りにする。

2　ごはんにAを加えて混ぜ合わせる。

3　器に2を盛り、刻みのり、ツナ、1、きゅうり、青じそ、白炒りごまを全体に散らす。

大豆の甘辛炒め

香ばしくて後を引きます。

材料 2人分

大豆水煮缶 … 1缶
⇒缶汁をしっかりときる

片栗粉 … 小さじ2

サラダ油 … 大さじ1

A │ ⇒混ぜ合わせる
　│ しょうゆ、みりん、砂糖 … 各小さじ1
　│ みそ、酢 … 各小さじ1/2

作り方

1　大豆水煮は片栗粉を薄くまぶす。

2　フライパンにサラダ油を中火で熱し、1を転がしながらカリッと炒め、Aを加えてからめる。

玉ねぎとしめじのお吸いもの

うまみが出る野菜ときのこを使って。

材料 2人分

玉ねぎ … 3/4個
⇒縦薄切り

しめじ … 1/2パック
⇒ほぐす

だし汁 … 400ml

A │ 塩 … 小さじ2/3
　│ しょうゆ、みりん
　│ … 各小さじ1

作り方

鍋にだし汁を煮立て、玉ねぎ、しめじを加えて中火で煮る。玉ねぎがやわらかくなったら、Aで調味する。

私がやっている
おすすめの食材保存法を紹介します。

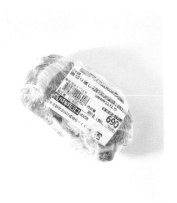

STOCK 肉

トレイにかぶせてあるラップには、消費期限や重さといった役立つ情報が表記されているので、これをむだにせずに利用しましょう。残った肉をこのラップで、表記が見えるように包み直し、ジッパーつき保存袋などに入れて冷蔵保存します。

STOCK 白菜・キャベツ

白菜やキャベツの残りは、捨ててしまいがちな外葉で包んでからラップで包み、野菜室で保存します。直接ラップで包んで保存すると、どうしても切断面が乾きがちですが、外葉で包んでからラップで包めば切断面の乾燥もなく、みずみずしさを保ったまま保存できます。

STOCK レタス類

レタス類は1枚ずつ葉をはがし、水につけて洗います。シャキッとしたら水きりをしますが、やや水分が残るくらいでOK。ジッパーつき保存袋に移し、つぶれないように少し空気を入れて密閉し、野菜室で保存します。買った日にやっておくと、いつでも使えて便利です。

STOCK かぶ・大根

買ってきたら、まず、根と葉の部分に切り分けます。というのも、葉が根の養分と水分を吸い取ってしまい、肝心の根の部分がやせてしまうからです。切り分けたら、それぞれラップで包んでポリ袋に入れ、野菜室で保存します。

STOCK クレソン

乾燥のため、すぐに葉が黄色くなりやすい野菜です。水を入れたコップなどに茎をさし、上部の葉の部分がしおれたり、乾燥しないように、ポリ袋をかぶせて、袋の口を軽く結びます。キッチンの隅など、直射日光があまり当たらない場所に置いて保存します。

STOCK パクチー

パクチーは外側から黄色く変色し、傷みやすくなります。使うときは、外側の茎からはずして調理に使うといいです。残ったら、たっぷりと水を含ませたペーパータオルで根を包み、保存容器に入れて野菜室で保存しましょう。しおれにくくなります。

PART 2

野菜 を
つなげる献立

野菜をつなげるときは、使いきりを考えましょう。
そのとき、部分による食感の違いを料理にうまく生かすことがポイント。
また、新鮮な状態を保てるように効果的な保存法を身につけておいたり、
即席漬けにしておいしく食べきるやり方を知っておくと、
献立のやりくりに役立ちます。

大根 をつなげる

おろして、マリネで、ゆでて
大根1本完食！

大根は部分によって味わいが違うので、それを生かして献立を組みます。
大根は3日間登場させますが、添えものや副菜として。
3日間の主菜は、豆腐、魚、肉をメインにして、バラエティー豊かな献立に！

買い物メモ

野菜コーナー

玉ねぎ1個

水菜1束　　大根1本

スナップえんどう　レモン1個
1パック

小ねぎ（小口切り）
1パック
（または小ねぎ1束）

豆腐コーナー

絹ごし豆腐
1丁

肉コーナー

鶏ひき肉200g

豚ロース肉（とんカツ用）2枚

魚コーナー

生ざけ2切れ

ツナ水煮缶1缶（70g）

ストックCHECK

- 片栗粉
- 昆布
- 塩昆布
- 白炒りごま
- とろろ昆布

調味料CHECK

（基本調味料：砂糖、塩、酢、しょうゆ、みそ以外）

- 粗びき黒こしょう
- オリーブ油
- 顆粒コンソメ
  スープの素
- こしょう
- ごま油
- 酒
- サラダ油
- だし汁
- 練りわさび
- はちみつ
- バター
- マヨネーズ
- みりん

献立リスト

1
日目

- 豆腐のつみれ焼き
- 水菜と塩昆布のサラダ
- 玉ねぎとスナップ
  えんどうのみそ汁
- ごはん

2
日目

- さけと水菜の
  わさびマヨ炒め
- 大根とレモンのマリネ
- 豆腐のポタージュスープ
- ごはん

3
日目

- 豚肉の漬け焼き
- ゆで大根の
  ねぎツナみそがけ
- とろろ昆布の
  お吸いもの
- ごはん

がんばらない！

つなげるPOINT

ゆで大根
（3日目）

マリネ
（2日目）

大根おろし
（1日目）

1日目

食材の使い分け

大根の下部は筋っぽいので、おろして。中央部は一番やわらかいので、生のままマリネにします。上部は最も甘い部分。ふろふき大根風にゆでて、その甘さを生かします。

一度に下ごしらえ

水菜は1日目にすべて洗って3cmのざく切りに。半分はその日使い、残りは水きりしてペーパータオルで包み、ジッパーつき保存袋に入れて冷蔵保存を。後日、すぐに使えます。

後日の準備

肉や魚は早めに調理したほうが、衛生的に安心です。3日目の豚肉は買ってきた日に調味液に漬けておくと、味がよくしみ込み、玉ねぎの酵素パワーで肉質もやわらかくなります。

豆腐のつみれ焼き献立

メインはしょうゆ味、サブは塩昆布味、そしてみそ汁。
味が異なる組み合わせにすると、満足感もアップします。

豆腐のつみれ焼き

生地に豆腐が入っているので、ボリュームのわりに軽い食べ心地です。

（材料） 2人分

鶏ひき肉 … 200g
絹ごし豆腐 … 1/3丁
　⇒ペーパータオルで包み、重石をして10分ほどおく
小ねぎ（小口切り）… 1/3パック
A｜塩 … 小さじ1/4
　｜こしょう … 少々
　｜片栗粉 … 大さじ1
サラダ油 … 小さじ2
B｜しょうゆ、みりん … 各大さじ1
大根（下部）… 1/4本
　⇒すりおろす

（作り方）

1　鶏ひき肉は練り、豆腐、小ねぎ、Aを加えて練り合わせる。6等分に分けて丸める。

2　フライパンにサラダ油を熱し、1を片面3分ずつ焼き、Bを加えて煮からめる。

3　器に盛り、大根おろしを添える。

水菜と塩昆布のサラダ

塩昆布は賢い調味料。
混ぜるだけで気のきいたあえものに。

（材料） 2人分

水菜（下記のやり方で準備したもの）… 1/2量
　⇒1束を3cm長さのざく切りにし、
　　水につけてシャキッとさせる
塩昆布 … 10g
白炒りごま … 大さじ1/2
A｜ごま油 … 小さじ2
　｜レモン汁 … 1/4個分
　｜しょうゆ … 小さじ1

（作り方）

水菜は、塩昆布、白炒りごま、Aを加えてさっとあえる。

玉ねぎとスナップ
えんどうのみそ汁

天然の甘さと歯ざわりのよさを味わって。

（材料） 2人分

玉ねぎ … 1/2個
　⇒縦薄切り
スナップえんどう … 1/2パック
　⇒筋を取る
だし汁 … 400ml
みそ … 大さじ1と1/2

（作り方）

1　鍋にだし汁、玉ねぎを入れて熱し、煮立ったら弱火にして3分ほど煮る。

2　スナップえんどうを加えて1分ほど煮、みそを溶き入れる。

（後日の準備）

玉ねぎを
すりおろして
漬けだれを作り、
豚肉を漬ける

3日目「豚肉の漬け焼き」（P57）作り方1までを作っておく。冷蔵保存する。

ADVICE

小ねぎの小口切りはちょっとあると風味と彩りを添えることができて便利なので、パック入りの市販品をよく買います。保存するときは、小ねぎの上に濡らしたペーパータオルをかぶせ、パックのふたをすると、乾燥を防げます。

さけと水菜のわさびマヨ炒め献立

マヨネーズ、レモン、みその使い方をいつもと少し変えるだけで、新しい味に出会えます。

さけと水菜のわさびマヨ炒め

マヨネーズを炒め油として使うことで、うまみも香りもよくなります。

(材 料) 2人分

生ざけ … 2切れ
　⇒ひと口大に切り、塩少々をふる
マヨネーズ … 大さじ1
水菜 (1日目に準備したもの) … 1/2 量
A ⇒順に加えながら混ぜ合わせる
　　練りわさび、酒、みりん、しょうゆ
　　　… 各小さじ1

(作 り 方)

1 フライパンにマヨネーズを中火で熱し、さけを片面3分ずつ焼く。

2 水菜を加えてさっと炒め合わせ、**A**を回し入れてからめる。

大根とレモンのマリネ

レモンの皮も加えて、いっそうさわやかに。

(材 料) 2人分

大根 (中央部) … 1/4 本
　⇒1cm角の棒状に切り、塩小さじ1/2をふって軽くもむ。10分ほどおいて水けを絞る
レモン … 1/2 個
　⇒果汁はしぼり、皮は薄く削ってせん切り
A オリーブ油 … 小さじ2
　　砂糖 … 小さじ1
　　塩 … ふたつまみ
　　こしょう … 少々

(作 り 方)

1 大根はレモン汁と**A**であえる。

2 器に盛り、レモンの皮を散らす。

豆腐のポタージュスープ

隠し味にみそを加えてまろやかに。

(材 料) 2人分

小ねぎ (小口切り)
　　… 1/3 パック
バター … 10g
絹ごし豆腐 … 2/3 丁
　⇒軽く水けをきる
A 水 … 150㎖
　　顆粒コンソメスープの素、
　　　塩 … 各小さじ1/2
　　みそ … 小さじ1
粗びき黒こしょう … 少々
オリーブ油 … 小さじ1

(作 り 方)

1 フライパンにバターを中火で溶かし、小ねぎをしんなりするまで炒める。

2 ミキサーに**1**を入れ、絹ごし豆腐と**A**を加えて、なめらかになるまでかける（ハンドブレンダーの場合は、**1**を**3**で使う鍋に移し、その他の材料を加えてかくはんする）。

3 いただく直前に、**2**を鍋に移して温め直し、器に盛って、黒こしょう、オリーブ油をふる。

(後日の準備)

大根を
ゆでておいても

できれば、3日目「ゆで大根のねぎツナみそがけ」(P57)作り方**1**までを作っておくとよい。冷めたら冷蔵保存を。

豚肉の漬け焼き献立

メインは分厚い豚肉なので、
サブと汁は野菜や海藻中心でヘルシーに。

豚肉の漬け焼き

豚肉はたれに漬けておくだけで、驚くほどやわらか。はちみつの風味もきいています。

（材料） 2人分

豚ロース肉（とんかつ用）… 2枚
　⇒筋切り（両面の赤身と脂身の間に切り込みを
　　数か所入れる）し、フォークで数か所刺す
塩 … ふたつまみ
A　玉ねぎ … 1/2個
　　　⇒すりおろす
　　しょうゆ、みりん、酒 … 各大さじ1
　　はちみつ … 小さじ2
サラダ油 … 小さじ2
スナップえんどう … 1/2パック
　⇒筋を取る
レモン … 1/4個
　⇒半分に切る

（作り方） ※1までは1日目に作っておく。

1　豚肉は塩をふって保存容器に入れ、Aを加え
　てもみ込み、漬けておく。

2　フライパンにサラダ油を中火で熱し、豚肉の
　漬け汁を軽くぬぐって入れ、片面3分ずつ焼
　く。あいた部分にはスナップえんどうを入れ、
　同時に焼く。

3　スナップえんどうを取り出し、1の漬け汁を加
　えて、豚肉に煮からめる。

4　食べやすく切って器に盛り、スナップえんどう
　とレモンを添える。

ゆで大根のねぎツナみそがけ

大根のジューシーさが口いっぱいに広がります。

（材料） 2人分

大根（上部）… 1/2本
　⇒乱切り
昆布 … 5cm
ツナ水煮缶 … 小1缶
A　みそ … 大さじ1
　　砂糖 … 大さじ1/2
　　小ねぎ（小口切り）… 1/3パック

（作り方） ※1までは2日目に作っておいてもよい。
　　　　　その場合は、温め直す。

1　大根を鍋に入れ、昆布、かぶるくらい
　の水を加えて強火にかける。煮立った
　ら弱火にし、20分ほどゆでる（ゆで汁
　はお吸いものに使う）。

2　ボウルにツナを缶汁ごと入れ、Aを加
　えてよく混ぜる。

3　器に1の大根を盛り、2をかける。

乱切りにすると、切断面
が広くなり、火の通りが早
くなります。

とろろ昆布の
お吸いもの

大根のゆで汁はうまみがたっぷり！

（材料） 2人分

大根のゆで汁 … 400mℓ
A　塩 … 小さじ1/3
　　酒 … 小さじ2
　　しょうゆ … 小さじ1
とろろ昆布 … 5g

（作り方）

1　鍋に大根のゆで汁とAを入れ、
　ひと煮立ちさせる。

2　器に注ぎ、とろろ昆布を加える。

キャベツ をつなげる

サラダ、タッカルビ、コールスローで！

キャベツは葉をはがすのが面倒なので、1日目に全部切っておくと便利です。
サラダなど副菜のほか、鶏肉と合わせて主菜のタッカルビにすることで、
一度にたくさん食べることができます。

買い物メモ

野菜コーナー

キャベツ1個

ほうれん草1束
（200g）

玉ねぎ1個

トマト3個

クレソン1束

しめじ1パック
（100g）

肉コーナー

鶏もも肉 1枚

ベーコン4枚

魚コーナー

めかじき 2切れ

乾燥桜えび1パック（14g）

その他

卵1パック（6個）

ピザ用
チーズ1袋
（90g）

ストックCHECK

- 片栗粉
- 乾燥カットわかめ
- 刻みのり
- 削り節
- 小麦粉
- しょうが
- 白炒りごま
- にんにく

調味料CHECK

（基本調味料：砂糖、塩、
酢、しょうゆ、みそ以外）

- オリーブ油
- 顆粒コンソメ
  スープの素
- こしょう
- コチュジャン
- ごま油
- サラダ油
- トマトケチャップ
- 鶏ガラスープの素
- バター
- みりん
- ラー油

1 日目

- めかじきのベーコン・トマト照り焼き
- ゆでキャベツとかつお節のサラダ
- 卵と桜えびのスープ
- ごはん

2 日目

- タッカルビ
- ほうれん草とトマトのナムル
- わかめスープ
- ごはん

3 日目

- オープンオムレツ
- キャベツと桜えびのコールスロー
- クレソンのスープ
- ごはん

がんばらない！
つなげるPOINT

1 日目

タッカルビ
1/2個（2日目）

サラダ
1/4個（1日目）

コールスロー
1/4個（3日目）

（ 食材の使い分け ）

1日目、キャベツはちぎってゆでサラダに。2日目はざく切りにして鶏肉を加え、タッカルビにします。3日目は細切りにし、和風ドレッシングのコールスローに。1日目にすべて切っておくと、後がラクです。特に3日目の細切りは、事前に塩もみまでしておくと、時間の短縮になります。

2 日目

（ 一度に下ごしらえ ）

ほうれん草は2日目のナムルと3日目のオムレツに使いますが、2日目にすべてゆでておきます。

めかじきのベーコン・
トマト照り焼き献立

バランスのよい彩りは、栄養のバランスもよい証拠。
血となり、肉となり、パワフルな活力がもらえそうです。

めかじきのベーコン・トマト照り焼き

魚の照り焼きに、ベーコンとトマトのうまみ成分が加わり、期待以上の相乗効果。

材料 2人分

めかじき … 2切れ
　⇒塩、こしょう各少々をふる
小麦粉 … 小さじ2
サラダ油 … 小さじ2
ベーコン … 1枚
　⇒1cm幅に切る
トマト … 1個
　⇒1cm角に切る
A │ しょうゆ、みりん … 各大さじ1

作り方

1 めかじきは小麦粉を薄くまぶす。フライパンにサラダ油を中火で熱し、めかじきを入れて2分ほど焼く。返して2分ほど焼きながら、あいた部分でベーコンを炒める。

2 ベーコンの上にトマトをのせ、さっと炒め合わせる。Aを加え、めかじきにもソースがからむように全体を混ぜる。

めかじきを焼きながら、ソースを作ります。

ゆでキャベツと
かつお節のサラダ

砂糖をちょっと加えると、味のバランスがよくなります。

材料 2人分

キャベツ … 1/4個
　⇒食べやすくちぎる
塩 … 小さじ2
A │ ごま油、酢、しょうゆ … 各小さじ2
　│ 砂糖 … 小さじ1
　│ 削り節 … 1パック（3g）

作り方

1 鍋に湯1ℓを沸かし、塩を加えて、キャベツを1分ほどゆでる。ざるにあげ、そのまま粗熱を取る。

2 ボウルに**1**を入れ、**A**を加えてあえる。

卵と桜えびのスープ

桜えびが、うまみの素にも、具にもなります。

材料 2人分

卵 … 2個
　⇒溶きほぐす
乾燥桜えび … 1/2パック
A │ 水 … 400㎖
　│ 鶏ガラスープの素 … 小さじ1
B │ 塩 … 小さじ1/3
　│ こしょう … 少々
　│ しょうゆ … 小さじ1/2
水溶き片栗粉⇒混ぜ合わせる
　│ 片栗粉、水 … 各小さじ1

作り方

1 鍋に**A**と桜えびを入れて煮立て、**B**で調味する。水溶き片栗粉を加えて、とろみをつける。

2 溶き卵を回し入れ、卵がふわっと浮いてきたら火を止める。

タッカルビ献立

韓国風の献立です。野菜がたっぷりのうえ、
にんにく・しょうがの効果で免疫力アップも期待できそう。

タッカルビ

さわやかな辛みとチーズのコクに食欲が刺激され、箸が止まりません。

（材料） 2人分

鶏もも肉 … 1枚
　⇒ひと口大に切る
キャベツ … 1/2個
　⇒ざく切り
玉ねぎ … 1/2個
　⇒縦薄切り
しめじ … 1パック
　⇒ほぐす

A ｜⇒混ぜ合わせる
　コチュジャン … 大さじ2
　トマトケチャップ … 大さじ1
　しょうゆ、砂糖 … 各小さじ2
　にんにく、しょうが … 各1かけ
　　　　　　　　　⇒各すりおろす
ピザ用チーズ … 50g
刻みのり … 適量

（作り方）

1 フライパンにキャベツ、玉ねぎ、しめじ、鶏肉、水50㎖を順に入れ、**A**を回し入れる。ふたをし、中火で10分ほど蒸し煮にする。

2 全体をさっと混ぜ、チーズをのせてふたをし、2分ほど蒸し煮にする。

3 器に盛り、刻みのりを散らす。

ほうれん草とトマトのナムル

ラー油を使って簡単に作ります。

（材料） 2人分

ほうれん草（下記のやり方でゆでて切ったもの） … 1/2量
　⇒1束を1分ほど塩ゆでし、冷水にとって
　水けを絞り、3㎝長さに切る
トマト … 1と1/2個
　⇒横半分に切り、それぞれ8つ割りにする
A ｜⇒混ぜ合わせる
　塩 … 小さじ1/3
　こしょう … 少量
　ラー油 … 小さじ1
　白炒りごま … 小さじ2

（作り方）

ボウルにほうれん草とトマトを合わせ、**A**を加えてあえる。

わかめスープ

おなじみの韓国風スープですが、
しょうがを加えると、ひと味違います。

（材料） 2人分

乾燥カットわかめ … 5g
しょうが … 1かけ
　⇒細切り
A ｜水 … 400㎖
　｜鶏ガラスープの素 … 小さじ1
B ｜塩 … 小さじ1/3
　｜しょうゆ … 小さじ1/2

（作り方）

鍋にしょうがと**A**を入れて煮立てる。わかめを加え、**B**で調味する。

後日の
準備

キャベツを
塩もみしておいても

できれば3日目「キャベツと桜えびのコールスロー」（P65）作り方**1**までを作っておき、冷蔵保存をするとよい。

オープンオムレツ献立

いろいろな野菜が　度に摂れます。
卵の色が映えて食卓が華やかに。気分も盛り上がります。

オープンオムレツ

オープンオムレツならテクニックはいりません。そのうえ具をたっぷり加えられます。

（材料） 2人分

玉ねぎ … 1/2 個
　⇒縦薄切り
トマト … 1/2 個
　⇒1cm角に切る
ベーコン … 3 枚
　⇒1cm幅に切る
ほうれん草（2日目にゆでて切ったもの）
　… 1/2 量
バター … 20g
A ⇒よく混ぜ合わせる
　卵 … 4 個
　　⇒溶きほぐす
　ピザ用チーズ … 40g
　塩 … 小さじ1/4
　こしょう … 少々
トマトケチャップ … 適量

（作り方）

1　フライパンにバター 10g を中火で溶かし、玉ねぎ、ベーコンを炒める。玉ねぎがしんなりしたら、トマト、ほうれん草を加えてさっと炒め合わせ、取り出す。

2　フライパンをきれいにし、バター 10g を中火で溶かす。**A** を回し入れ、混ぜながら半熟になったら **1** をのせ、さっと混ぜてそのまま火を通す。

3　器に盛り、トマトケチャップを添える。

キャベツと桜えびの
コールスロー

ドレッシングに砂糖を少し加えるのが決め手。

（材料） 2人分

キャベツ … 1/4 個
　⇒細切り
塩 … キャベツの重量の1.5%（約小さじ2）
乾燥桜えび … 1/2 パック
A 酢、オリーブ油 … 各小さじ2
　砂糖 … 小さじ1
　こしょう … 少量
　しょうゆ … 小さじ1/2

（作り方）　※**1**までは2日目に作っておいてもよい。

1　キャベツに塩をふり、軽くもむ。

2　**1** の水分を絞り、ボウルに移す。桜えび、**A** を加えてあえる。

クレソンのスープ

最後にオリーブ油をたらり。
クレソンの苦みが落ち着きます。

（材料） 2人分

クレソン … 1 束
A 水 … 400㎖
　顆粒コンソメスープの素 … 小さじ1
塩 … 小さじ1/3
こしょう … 少量
オリーブ油 … 小さじ1

（作り方）

1　鍋に **A** を煮立て、クレソンをちぎりながら加える。再び煮立ったら、塩、こしょうで調味する。

2　器に盛り、オリーブ油を回し入れる。

白菜 、 かぼちゃ をつなげる

白菜は**サラダ、重ね煮、漬けもの**の定番3品に！
かぼちゃは**つぶして**使いきり！

1日目はかぼちゃを主菜にし、焼くタイプのコロッケに、白菜はサラダ。
2日目の主菜は白菜。豚肉をはさんでおなじみの重ね煮に。こんどはかぼちゃがサラダです。
3日目はかぼちゃを春巻きにし、白菜は即席漬けにします。

買い物メモ

野菜コーナー

玉ねぎ1個

トマト1個

白菜1/2株

かぼちゃ
1/2個

しいたけ
1パック（6個）

肉コーナー

合いびき肉　150g

豚バラ肉（薄切り）200g

ハム1パック（4枚）

魚コーナー

さけフレーク30g

その他

春巻きの皮1袋（10枚）

ストックCHECK

- 赤唐辛子
- 乾燥カットわかめ
- 粉チーズ
- 昆布
- しょうが
- 卵1個
- ドライパン粉

調味料CHECK
（基本調味料：砂糖、塩、酢、しょうゆ、みそ以外）

- 揚げ油
- オリーブ油
- 顆粒コンソメ
  スープの素
- こしょう
- 酒
- サラダ油
- ソース（好みのもの）
- だし汁
- トマトケチャップ
- バター
- マヨネーズ
- みりん

献立リスト

1日目

- かぼちゃの
  スコップコロッケ
- 白菜のカリカリサラダ
- しいたけとハムのスープ
- ごはん

2日目

- 白菜と豚肉の重ね煮
- かぼちゃのサラダ
- 玉ねぎの酢漬けとわかめの
  あえもの
- ごはん

3日目

- かぼちゃと
  さけフレークの春巻き
- 白菜の漬けもの
- トマトと卵のスープ
- ごはん

がんばらない！

つなげるPOINT

サラダ
1/4量（1日目）

重ね煮
1/2量（2日目）

漬けもの
1/4量（3日目）

食材の使い分け

白菜1/2株は、1/2量、1/4量×2に分け、1/4量は1日目にカリカリの春巻きの皮を加えて和風サラダ、1/2量は2日目に豚肉と重ね煮にします。残りは2日目に即席漬けにし、3日目にいただきます。

1日目

一度に下ごしらえ

かぼちゃ1/2個はまとめて蒸して粗めにつぶし、塩、こしょうしておき、3日間を通して、コロッケ、サラダ、春巻きの具に使い分けます。なお、かぼちゃは電子レンジで蒸してもいいのですが、今回は量が多いので、蒸し器（簡易蒸し器でよい）で一気に蒸したほうが早いです。

後日の準備

生の玉ねぎは辛いことが多く、生食の際は辛みを抜くため、水にしばらくさらしますが、1日目のスープで玉ねぎを切るときに、2日目の分も切って酢漬けにすれば、あえものにすぐ使えます。

かぼちゃのスコップコロッケ献立

洋風献立ですが、サラダはしょうゆを加えて少し和風に。
これだけで、ごはんに合う献立になります。

かぼちゃのスコップコロッケ

揚げてこそないけれど、すくって口に入れれば、まさにコロッケ！

（材料） 2人分

蒸しかぼちゃ
（下記のやり方で蒸して
つぶしたもの）
… 2/5 量
⇒かぼちゃ1/2個は4〜5
cm角に切り、蒸し器（簡易
蒸し器でよい）に入れて、水
適量を加え、やわらかくな
るまで 10〜15 分蒸す。ボ
ウルに移して粗めにつぶし、
塩、こしょう各少々を混ぜる

合いびき肉 … 150g
サラダ油 … 小さじ1
A | 塩、こしょう … 各少々
   | トマトケチャップ … 大さじ1
   | ソース（好みのもの） … 小さじ1
マヨネーズ … 大さじ1
ドライパン粉 … 大さじ3

（作り方）

1 フライパンにサラダ油を中火で熱し、合いびき肉を炒めて、**A**を加え混ぜる。

2 蒸しかぼちゃと**1**を合わせ、耐熱性の器に入れて表面を平らにならす。マヨネーズを塗り、パン粉をふって押さえる。

3 オーブントースターで焼き色がつくまで焼く（オーブンなら230℃で10分ほど）。好みでソースをかけてもよい。

白菜のカリカリサラダ

揚げた春巻きの皮をのせて食感に変化を。

（材料） 2人分

白菜 … 1/4 量
⇒4cm長さのざく切りにし、繊維に沿って1cm幅に切る
春巻きの皮 … 4 枚
⇒半分に切り、1cm幅に切る
揚げ油 … 適量
A | オリーブ油、酢 … 各小さじ2
   | 塩、しょうゆ … 各小さじ1/2
   | こしょう … 少々

（作り方）

1 フライパンに揚げ油を2cm深さほど入れて熱し、春巻きの皮を入れる。菜箸で混ぜながら、カリッと揚げる。

2 ボウルに白菜と**A**を入れてさっくりとあえ、器に盛る。**1**を砕きながら散らす。

しいたけとハムのスープ

バターで玉ねぎをしんなり炒めるのがコツ。

（材料） 2人分

しいたけ … 3 個
⇒かさは薄切りにし、軸はほぐす
玉ねぎ … 1/2 個
⇒縦薄切り
ハム … 2 枚
⇒半分に切り、1cm幅に切る
バター … 10g
A | 顆粒コンソメスープの素 … 小さじ1
   | 水 … 400ml
塩 … 小さじ1/3
こしょう … 少々

（作り方）

鍋にバターを溶かし、玉ねぎとハムを炒める。しいたけを加えてさらに炒め、**A**を加える。煮立ったら3分ほど煮、塩、こしょうで味を調える。

（後日の準備）

玉ねぎを
酢漬けにする

2日目「玉ねぎの酢漬けとわかめのあえもの」（P71）用に、玉ねぎの残り1/2個を縦薄切りにしてポリ袋に入れ、酢大さじ3をふって、袋の上からもむ。袋の口をとじて冷蔵保存。

ADVICE

春巻きの皮は乾燥に弱いので、残りはジッパーつき保存袋に入れるか、ラップでしっかりと包んで冷蔵保存を。乾燥してしまったら、水で濡らしたペーパータオルをかぶせるか、霧吹きで水をふきかけると復活します。

白菜と豚肉の重ね煮献立

この献立だけで、ビタミンA、B、C、Dすべてが摂れます。
加えて、わかめの食物繊維、体を温めるしょうがまで摂取できます。

白菜と豚肉の重ね煮

材料を重ね、だし汁と調味料で煮るだけ。こんなラクうまおかずはそうありません。

材料 2人分

白菜 … 1/2 量
　⇒3cm長さのざく切り
豚バラ肉（薄切り）… 200g
　⇒3cm長さに切る
しいたけ … 3個
　⇒かさは1cm幅に切り、
　軸はほぐす
しょうが … 1かけ
　⇒細切り

A | だし汁 … 200㎖
　| 酒、みりん … 各大さじ2
　| しょうゆ … 大さじ1/2
塩 … 小さじ1/2

作り方

1 鍋に、白菜、豚肉、しいたけ、しょうがを重ねて入れ、**A**を注ぐ。ふたをして強火にかけ、煮立ったら弱火で15分ほど煮る。

2 白菜がやわらかくなったら、塩で味を調える。

かぼちゃのサラダ

ハムの塩けで、かぼちゃがさらに甘く。

材料 2人分

蒸しかぼちゃ（1日目に蒸してつぶしたもの）
　… 1/5 量
ハム … 2枚
　⇒半分に切り、1cm幅に切る
マヨネーズ … 大さじ1

作り方

ボウルに、蒸しかぼちゃ、ハムを入れ、マヨネーズを加えてあえる。

玉ねぎの酢漬けと
わかめのあえもの

ダイエットにおすすめのメニューです。

材料 2人分

玉ねぎの酢漬け（1日目に漬けたもの）
　… 1/2 個分
　⇒汁けを軽く絞る
乾燥カットわかめ … 6g
　⇒水でもどす
A | 砂糖 … 小さじ1
　| 塩 … 小さじ1/4

作り方

ボウルに玉ねぎの酢漬けとわかめを入れ、**A**を加えてあえる。

後日の準備

白菜の漬けものを作る

3日目「白菜の漬けもの」（P73）を作って、冷蔵保存しておく。

かぼちゃとさけフレークの
春巻き献立

カリッと揚げた春巻き、口の中をさっぱりさせるトマト入りスープ。
加えて白菜の漬けものがあれば、ごはんがすすむこと間違いなしです。

かぼちゃとさけフレークの春巻き

かぼちゃとさけフレーク、意外なふたつをつないでくれるのが粉チーズ。

（材料） 2人分

蒸しかぼちゃ（1日目に蒸してつぶしたもの）
　　… 2/5量
さけフレーク … 30g
粉チーズ … 大さじ2
春巻きの皮 … 6枚
揚げ油 … 適量

（作り方）

1 蒸しかぼちゃ、さけフレーク、粉チーズを混ぜ
合わせる。

2 **1**を6等分にし、春巻きの皮にのせて包み、
端に水溶き小麦粉（分量外。小麦粉小さじ1
を同量の水で溶く）を塗って閉じる。

3 フライパンに揚げ油を1cm深さほど入れて熱
し、**2**を返しながら揚げる。

白菜の漬けもの

白菜の即席漬けです。キャベツで作っても。

（材料） 2人分

白菜 … 1/4量
　⇒ざく切り
塩 … 白菜の重量の2%（約小さじ1）
昆布 … 5cm
赤唐辛子 … 1本
　⇒種を取る
しょうが … 1かけ
　⇒薄切り

（作り方）

※2日目に漬けておく。

ポリ袋に、白菜、塩、昆布、赤唐辛子、
しょうがを入れ、軽くもむ。空気を抜
き、袋の口をとじる。

トマトと卵のスープ

2日目の「白菜と豚肉の重ね煮」の煮汁を
加えると、さらに美味！

（材料） 2人分

トマト … 1個
　⇒くし形切り
しょうが … 1かけ
　⇒細切り
だし汁 … 400ml
　（2日目の蒸し煮の煮汁があれば、
　　だし汁を加えて400mlに）
A ┃ 塩 … 小さじ1/3
　　┃ しょうゆ … 小さじ1/2
卵 … 1個
　⇒溶きほぐす

（作り方）

鍋に、だし汁、しょうがを入れて煮立て、ト
マトを加えてひと煮する。**A**で調味し、溶き
卵を回し入れる。

3日間
献立
UNIT (9)

切り干し大根 をつなげる

エスニックサラダ、カレー、はりはり漬けで!

1日目は青いパパイアを切り干し大根に代えてソムタム、
2日目はなんとカレーに加えます。予想外の使い方に思えますが、
そのおいしさは保証つき! 3日目は懐しのはりはり漬けでしめます。

買い物メモ

野菜コーナー	肉コーナー	

野菜コーナー

トマト2個

サニーレタス1個

さやいんげん
1袋(100g)

オクラ1袋

ホールコーン缶
1缶(120g)

切り干し大根50g

肉コーナー

豚こま切れ肉200g

鶏手羽先1パック
(6〜8本)

魚コーナー

甘塩ざけ2切れ

ストックCHECK

- 赤唐辛子
- カレールー
- 小麦粉
- 昆布
- しょうが
- 白炒りごま
- にんにく

調味料CHECK
(基本調味料:砂糖、塩、酢、しょうゆ、みそ以外)

- 揚げ油
- オイスターソース
- こしょう
- ごま油
- サラダ油
- 豆板醤
- 鶏ガラスープの素
- ナンプラー
- はちみつ
- みりん
- 麺つゆ
- ゆずこしょう
- レモン汁

献立リスト

1日目

- 鶏手羽先揚げ
- 切り干し大根のソムタム
- コーンとオクラのスープ
- ごはん

2日目

- 豚肉と切り干し大根の
  カレー
- サニーレタスの
  トマトドレッシングサラダ

3日目

- 塩ざけの
  オクラソースがけ
- はりはり漬け
- サニーレタスと
  トマトのスープ
- ごはん

がんばらない！
つなげるPOINT

1日目

〔 一度に下ごしらえ 〕

切り干し大根は開封したら、早め
に食べきりたいもの。1袋全部を
水でもどし、2日目以降の分はそ
れぞれ水けを絞って保存容器で冷
蔵、または漬けものに。

〔 一度に下ごしらえ 〕

サニーレタスは1日目に1個すべて
の葉を水につけてパリッとさせます。
全体に水がかぶるように、ペーパー
タオルをかぶせるといいです。その
後、水けをよくきり、ジッパーつき
保存袋に入れて冷蔵保存を。パリ
パリの食感が楽しめます。

2日目

〔 後日の準備 〕

切り干し大根は2日目、または1日
目に昆布と調味液を加えて、はり
はり漬けにしておきます。

鶏手羽先揚げ献立

甘辛手羽先揚げに合わせるのは、切り干し大根のサラダ。
しょうゆ味を避けて、甘酸っぱ辛いエスニック味を合わせます。

鶏手羽先揚げ

手羽先は骨に沿って切り込みを入れると、味がしみ込みやすく、骨離れもよくなります。

（材料） 2人分

鶏手羽先 … 1パック
　⇒骨に沿って切り込みを入れる
A ┃ 塩、こしょう…各少々
　┃ にんにく … 1かけ
　┗ ⇒すりおろす
小麦粉 … 大さじ1
揚げ油 … 適量
B ┃ ⇒混ぜ合わせる
　┃ オイスターソース … 小さじ2
　┃ しょうゆ、はちみつ … 各小さじ1
　┗ 豆板醤 … 小さじ1/2
サニーレタス（P75のやり方で準備したもの）… 1/4量

（作り方）

1 鶏手羽先は**A**をもみ込み、小麦粉をうすくまぶす。

2 フライパンに揚げ油を1cm深さほど入れて熱し、**1**を入れて7分ほどカリッとするまで揚げ焼きにする。

3 **2**が熱いうちに**B**をからめ、サニーレタスを添えて盛る。

切り干し大根のソムタム

タイの名物サラダを食感がよく似た
切り干し大根でアレンジ。

（材料） 2人分

切り干し大根（下記のやり方でもどして切ったもの）… 1/3量
　⇒1袋分すべてを水でもどし、ざく切りにする
トマト … 1個
　⇒1.5cm角に切る
さやいんげん … 1/2袋
　⇒塩ゆでし、ヘタを切り落として斜め切り
にんにく … 1/2かけ
　⇒すりおろす
A ┃ レモン汁、ナンプラー … 各小さじ2
　┃ 砂糖 … 小さじ1
　┗ 赤唐辛子（小口切り）… ひとつまみ

（作り方）

ボウルに、切り干し大根、トマト、さやいんげん、にんにくを入れて混ぜ、**A**を加えてあえる。

コーンとオクラのスープ

コーン缶の甘みを缶汁ごと利用します。

（材料） 2人分

ホールコーン缶 … 1/2缶
オクラ … 1/2袋
　⇒5mm厚さの小口切り
A ┃ 水 … 350㎖
　┗ 鶏ガラスープの素 … 小さじ1
塩 … 小さじ1/3
こしょう … 少々

（作り方）

鍋に**A**を入れて煮立て、コーン（缶汁ごと）とオクラを入れてひと煮立ちさせる。塩、こしょうで味を調える。

ADVICE

3日目の「はりはり漬け」（P81）は、時間があれば、1日目に作っておいてもいいです。

豚肉と切り干し大根のカレー献立

カレーはなんでもおいしくする万能おかず。切り干し大根も例外ではありません。
同じく万能なトマト麺つゆだれを使ったサラダを添えて。

豚肉と切り干し大根のカレー

具は豚肉と切り干し大根。シンプルなだけにカレーがキリッと引き立ちます。しかも超時短！

材料 2人分

豚こま切れ肉…200g
⇒塩、こしょう各少々をふる
切り干し大根（1日目にもどして切ったもの）
…1/3量
にんにく、しょうが…各1かけ
⇒各すりおろす
サラダ油…小さじ2
カレールー…2皿分
⇒刻む
さやいんげん…1/2袋
⇒ヘタを切る
A │ サラダ油…小さじ1
　　│ 塩…ふたつまみ
温かいごはん…茶碗2杯分

作り方

1 フライパンにサラダ油を中火で熱し、にんにく、しょうがをさっと炒める。豚肉を加えて炒め合わせ、色が変わったら切り干し大根、水300㎖を加えて5分ほど煮る。

2 アルミ箔にさやいんげんをのせ、**A**をふる。オーブントースターで5分ほど焼く。

3 **1**の火を止め、カレールーを加えて溶かし、ひと煮する。

4 器にごはんを盛り、**3**をかけて、**2**を添える。

サニーレタスの トマトドレッシングサラダ

パリパリとレタスをかむたびに、もっと食べたくなります。

材料 2人分

サニーレタス（P75のやり方で準備したもの）
… 1/2量
⇒食べやすくちぎる
ホールコーン缶 … 1/2缶
⇒缶汁をきる
A │ ⇒混ぜ合わせる
　　│ トマト … 1/2個
　　│ ⇒すりおろす
　　│ にんにく … 1/2かけ
　　│ ⇒すりおろす
　　│ 麺つゆ（3倍濃縮）… 大さじ1と1/3
　　│ サラダ油 … 小さじ2

作り方

器に、サニーレタス、コーンを盛り、**A**をかける。

後日の準備

はりはり漬けを作る
3日目「はりはり漬け」（P81）を作っておく。

ADVICE

残ったカレールーは全部刻み、2皿分ずつ小分けにしてラップで包み、ジッパーつき保存袋に入れて冷凍保存。使うときは解凍せず、そのまま使えます。

塩ざけのオクラソースがけ献立

焼き塩ざけ＆はりはり漬けは昔ながらのしみじみ和食ですが、
魚にソースを添え、汁ものをスープにして、今どき献立にイメチェンさせます。

塩ざけのオクラソースがけ

ゆずこしょうを加えたオクラソースが爽快。いつもの塩ざけが変わります。

（材料） 2人分

甘塩ざけ … 2切れ

オクラ … 1/2袋
　⇒熱湯で1分ほどゆで、冷水にとって小口切り

A ｜　⇒混ぜ合わせる
　　ゆずこしょう、しょうゆ、みりん … 各小さじ1/2
　　ごま油 … 小さじ2
　　白炒りごま … 小さじ1

（作り方）

1　甘塩ざけは魚焼きグリルで焼く。

2　器に1を盛り、Aにオクラを加えてかける。

はりはり漬け

この歯ざわりと甘酸っぱ辛さはクセになりそう。

（材料） 2人分

切り干し大根（1日目にもどして切ったもの）… 1/3量

昆布 … 5cm
　⇒ハサミで細切りにする

A ｜　しょうゆ、みりん、酢 … 各大さじ1/2
　　砂糖 … 小さじ1
　　赤唐辛子（小口切り）… ひとつまみ
　　水 … 大さじ1

（作り方）　※2日目に漬けておく。

1　小鍋に昆布とAを入れてひと煮立ちさせる。

2　ポリ袋に、切り干し大根、粗熱がとれた1を
　入れ、軽くもむ。空気を抜き、袋の口をとじ
　て、ひと晩漬ける。

サニーレタスと
トマトのスープ

レタスもトマトも、スープの具に最適です。

（材料） 2人分

サニーレタス（P75のやり方で準備したもの）
　… 1/4量
　⇒食べやすくちぎる

トマト … 1/2個
　⇒1.5cm角に切る

にんにく … 1/2かけ
　⇒すりおろす

A ｜　水 … 400ml
　　鶏ガラスープの素 … 小さじ1

塩 … 小さじ1/2

こしょう … 少々

（作り方）

鍋にAを入れて煮立て、サニーレタス、トマト、に
んにくを加えて、塩、こしょうで調味する。

3日間 献立 UNIT ⑩

春菊 、 パクチー 、 なす をつなげる

使い分けルールで
合理的に使いきり!

小物ばかりですが、どの部分から使うといいか、
残った部分の保存をどうするかが、むだなくつなげていくポイント。
捨てがちななすの皮や春菊の茎の使い方も注目です。

買い物メモ

野菜コーナー	魚コーナー
アボカド1個	まぐろ（刺身用赤身）1さく（150g）
春菊1束	ボイルえび1パック（120g）
パクチー1束（50g）	ちくわ1袋（4本）
もやし1袋	ちりめんじゃこ20g
なす3本	
長ねぎ1本	

肉コーナー	豆腐コーナー
豚ひき肉300g	厚揚げ1枚

ストックCHECK

- 赤唐辛子
- 昆布
- 白炒りごま
- 白すりごま
- にんにく

調味料CHECK

（基本調味料：砂糖、塩、酢、しょうゆ、みそ以外）

- オイスターソース
- こしょう
- ごま油
- サラダ油
- だし汁
- 鶏ガラスープの素
- ナンプラー
- バター
- みりん
- ゆずこしょう

献立リスト

1日目

- まぐろのねぎだれ
- 春菊サラダ
- もやしとひき肉の
  ごまみそ汁
- ごはん

2日目

- 豚ひき肉炒めごはん
- アボカドとえびのサラダ
- なすのスープ

3日目

- 厚揚げ、ちくわ、
  アボカドのバター炒め
- なすの漬けもの
- パクチーとじゃこの
  混ぜごはん

がんばらない！

つなげる POINT

サラダ
葉（1日目）

炒めごはん
茎（2日目）

食材の使い分け

春菊は葉と茎とでかたさが違うので、別々に使うほうがベター。やわらかい葉は生のままサラダに、茎は刻んで炒めます。

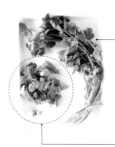

サラダ
3/4 束
（2日目）

混ぜごはん
1/4 束と
根 1 束分
（3日目）

食材の使い分け

パクチーは、エスニック風サラダと混ぜごはんに使います。混ぜごはんは、パクチーのなかでも香りがよく出る根の部分を米とともに炊き込み、ごはんにパクチーの香りをつけます。残りは刻み、炊き上がりに加えます。パクチーの保存法はP 48を参照してください。

2日目

後日の準備

なすは2日目にスープを作ったら、むいた皮と残りの1本を刻み、塩、昆布、赤唐辛子を加えて漬けものを作っておきます。

まぐろのねぎだれ献立

肉も、魚も、淡色野菜も緑黄色野菜も一度に摂取！ 舌も体も喜びます。
ごま油やにんにく、すりごまを使ってコクを出すのがコツです。

まぐろのねぎだれ

まぐろの赤身を中華風たたきにすることでボリュームアップ。ごはんのおかずになります。

（材料）2人分

まぐろ（刺身用。赤身）… 1さく
　⇒塩、こしょう各少々をふる
サラダ油 … 小さじ1
A｜⇒混ぜ合わせる
　　長ねぎ … 1/4本
　　　⇒みじん切り
　　にんにく … 1かけ
　　　⇒すりおろす
　　ごま油 … 小さじ2
　　しょうゆ … 小さじ1
　　塩 … ひとつまみ

（作り方）

フライパンにサラダ油を中火で熱し、まぐろを片面1分ずつ焼く。1.5cm幅に切って器に盛り、Aをかける。

春菊サラダ

ちくわが入るだけで、見た目よく、味よく。

（材料）2人分

春菊の葉 … 1束分
　⇒水につけてシャキッとさせる
ちくわ … 2本
　⇒輪切り
A｜⇒混ぜ合わせる
　　ごま油、酢、しょうゆ … 各小さじ2
　　塩 … ふたつまみ
　　こしょう … 少々

（作り方）

ボウルに春菊の葉を入れ、ちくわ、Aを加えてあえる。

もやしとひき肉のごまみそ汁

もやしの食感が快い、簡単とん汁。

（材料）2人分

豚ひき肉 … 100g
もやし … 1/2袋
だし汁 … 400ml
みそ … 大さじ1と1/2
白すりごま … 大さじ2

（作り方）

1　鍋を中火で熱し、豚ひき肉を炒る。色が変わってきたら、だし汁を加えて煮立てる。アクを取り、もやしを加えて2分ほど煮る。

2　みそを溶き入れ、白すりごまを加える。

豚ひき肉炒めごはん献立

リクエスト間違いなしの中華そぼろめし、アボカド入りのエスニックリラダ、
ごま風味のなすのスープを添えます。アジアンムードいっぱいの夕食です。

豚ひき肉炒めごはん

オイスターソース炒めのひき肉に、コリコリとした春菊の茎がアクセント。

（材料） 2人分

豚ひき肉 … 200g
長ねぎ … 1/4本
　⇒粗めのみじん切り
春菊の茎 … 1束分
　⇒小口切り
サラダ油 … 小さじ2
A　⇒混ぜ合わせる
　　オイスターソース、しょうゆ、みりん
　　　… 各大さじ1
温かいごはん … 茶碗2杯分

（作り方）

1 フライパンにサラダ油を中火で熱し、豚ひき肉を炒める。色が変わってきたら、長ねぎと春菊の茎を加えて炒め合わせ、**A**を加えてからめる。

2 器にごはんを盛り、**1**をのせる。

アボカドとえびのサラダ

ゆずこしょうの香りはエスニックにも合います。

（材料） 2人分

アボカド … 1/2個
　⇒1cm角に切る
ボイルえび … 1パック
もやし … 1/2袋
パクチー … 3/4束
　⇒2cm長さに切る（根は3日目の混ぜごはんに使う）
A　⇒混ぜ合わせる
　　ゆずこしょう、砂糖 … 各小さじ1/2
　　ナンプラー、サラダ油、酢 … 各大さじ1/2

（作り方）

1 もやしは熱湯で30秒ほどゆで、ざるにあげる。粗熱が取れたら水けを絞る。

2 ボウルに、アボカド、ボイルえび、もやし、パクチーを合わせ、**A**を加えてあえる。

※パクチーが苦手な方は代わりに青じそを使ってもOK。

ADVICE

アボカドは半分に切ると、切り口が空気にふれて変色するので、種つきを残すほうが空気との接触面を減らせます。とはいえ、種があるためラップをぴったりとできません。その場合はもう一方の皮をアボカドにかぶせてからラップをすると、変色を最小限に抑えられます。

なすのスープ

なすをごま油で炒めて香ばしさを出します。

（材料） 2人分

なす … 2本
　⇒皮をむき、1cm厚さの輪切りにする
　（皮は3日目の漬けものに使う）
ごま油 … 大さじ1
A　水 … 400mℓ
　　鶏ガラスープの素 … 小さじ1
塩 … 小さじ1/3
しょうゆ … 小さじ1
白炒りごま … 小さじ1

（作り方）

1 鍋にごま油を中火で熱し、なすを炒める。全体に油がまわったら**A**を加え、ふたをして5分ほど煮る。塩、しょうゆで調味する。

2 器に盛り、白炒りごまをふる。

後日の準備

なすの漬けものを作る ⟶
3日目「なすの漬けもの」（P89）を作っておく。

厚揚げ、ちくわ、アボカドの
バター炒め献立

基本は和風献立ですが、アボカドとパクチーを加えます。
これが大成功！ 新しい和食の窓が開きました。

厚揚げ、ちくわ、アボカドのバター炒め

アボカドは炒めるとトロッとして、バターじょうゆ味がよく合います。

（材料） 2人分

厚揚げ … 1枚
⇒ひと口大に切る

ちくわ … 2本
⇒乱切り

長ねぎ … 1/2本
⇒乱切り

アボカド … 1/2個
⇒縦半分にして1cm厚さに切る

バター … 10g

A │ しょうゆ、みりん … 各大さじ1

（作り方）

1 フライパンにバターを中火で溶かし、厚揚げ、ちくわ、長ねぎを焼くように炒める。

2 全体にこんがりと焼き色がついたら、アボカド、**A**を加えてからめる。

なすの漬けもの

なすの皮は抗酸化作用成分、
ポリフェノールを含むから捨てないで！

（材料） 2人分

なす … 1本＋皮2本分
⇒なすは縦半分にして5mm厚さに切る。
皮は食べやすく切る

塩 … なすの重量の1.5%（約小さじ1/4）

昆布 … 5cm

赤唐辛子 … 1本
⇒種を取る

（作り方） ※2日目に作っておく

1 ポリ袋に、なすとなすの皮を入れ、塩、昆布、赤唐辛子を入れ、軽くもむ。空気を抜き、袋の口をとじる。

2 盛りつけるときに**1**の余分な水分を絞る。

パクチーとじゃこの混ぜごはん

パクチーのおかげで後を引くごはんに。

（材料） 2人分

米 … 1.5合
⇒洗って、ざるにあげる

パクチー … 1/4束＋根1束分
⇒根は長さを半分に切る。残りは1cm長さに切る

塩 … ふたつまみ

ちりめんじゃこ … 20g

白炒りごま … 大さじ1

（作り方）

1 炊飯器に、米、パクチーの根、塩を入れ、水を1.5合ラインまで注いで炊く。

2 炊き上がったら、ちりめんじゃこ、パクチー、白炒りごまを加えてさっくりと混ぜる。

※パクチーが苦手な方は代わりに青じそを使ってもOK。

ADVICE

野菜をまとめて冷凍し、
みそ汁の具ストックを作っておくと便利です。

みそ汁の具ストック

みそ汁の具をどうしよう、と悩まないように冷凍しておくのが、みそ汁の具ストックです。野菜が余ったときなどにも、よく行います。作り方は簡単！ 具材をざく切りなどにして、ジッパーつき保存袋に入れ、冷凍保存するだけです。具材は冷凍できるものであればなんでもよく、大根、さやいんげん、小松菜、にんじん、きのこ、油揚げなど、そのとき余っているものを適当にミックスします。こうすると、冷凍によって野菜の繊維がこわれ、早く煮えるというメリットがあります。また、別の袋にさば水煮缶や大豆水煮缶の残りを入れて冷凍しておき、野菜ストックと一緒に加えることもあります。いずれも1か月以内には食べきりましょう。

具だくさんみそ汁

忙しいときや、野菜不足を
補いたいときなど、なにかと重宝します。

材料　分量の目安

小松菜 … 1束
　⇒ざく切り

玉ねぎ … 1/2個
　⇒縦薄切り

しいたけ … 1パック
　⇒薄切り

しめじ … 1/2パック
　⇒ほぐす

油揚げ … 2枚
　⇒1cm幅に切る

だし汁、みそ … 各適量

作り方

1　だし汁、みそ以外をジッパーつき保存袋に入れ、冷凍する。

2　鍋にだし汁1人分200mlを煮立て、1を凍ったまま、ふたつかみ入れる。再び煮立ったら、みそ1人分大さじ3/4を溶き入れる。

PART 3

余った野菜
なんでもOKレシピ

毎日の献立のなかでどんな野菜でもいいから、余ったものを全部、
しかも一気に調理できるレシピをいくつか持っていると便利です。
レシピというほどのものではありませんが、
適当に作ってもちゃんとした一品のおかずになる、
そんな"ゆる〜い料理"をお届けします。

なんでも**トマト煮**

ADVICE

余った野菜を食べやすく切り、オリーブ油、にんにくを熱した鍋で炒めてから、トマト缶、トマト、ミニトマト、トマトジュース、トマトケチャップなど、トマトと名のつくものを単独または組み合わせて加え、煮ます。グルタミン酸が豊富なトマトがおいしくまとめてくれる、というわけです。玉ねぎや長ねぎ、きのこ、肉や肉加工品を加えると、さらにうまみが増します。たくさん作って飽きてきたら、スパイスを加えたり、カレーにアレンジするのもおすすめです。

いわゆるラタトゥイユ

野菜は材料欄にあるものに限らずに加えてOK。

材料 分量の目安

長ねぎ … 1/3本
　⇒1.5cm長さに切る
赤パプリカ … 1/3個
　⇒1.5cm角に切る
かぼちゃ … 100g
　⇒1.5cm角に切る
エリンギ … 1本
　⇒1.5cm厚さのいちょう切り
しめじ … 1/2パック
　⇒ほぐす

にんじん … 50g
　⇒薄いいちょう切り
合いびき肉 … 100g
オリーブ油 … 小さじ2
にんにく … 1かけ
　⇒みじん切り
トマト … 1個
　⇒ひと口大に切る
トマトジュース … 200ml
ローリエ … 1枚
塩、こしょう … 各適量

作り方

1 鍋にオリーブ油とにんにくを入れて中火で熱し、香りが出たら合いびき肉、長ねぎを炒め、トマト以外の野菜を加えて、さっと炒め合わせる。

2 トマト、トマトジュース、ローリエを加え、ふたをして強めの弱火で10分ほど煮る。
※作りすぎたら小分けにして冷凍してもよい。保存期間は2週間ほど。

さば缶のトマト煮

さばとトマトは相性抜群！ 血液サラサラに！

材料 分量の目安

さば水煮缶 … 1/2缶
カットトマト缶 … 1/2缶（200g）
ブロッコリー … 100g
　⇒小房に分ける
玉ねぎ … 1/4個
　⇒1.5cm角に切る
しめじ … 1/2パック
　⇒ほぐす

ごぼう … 40g
　⇒斜め薄切り
にんにく … 1かけ
　⇒みじん切り
ローリエ … 1枚
塩、こしょう … 各適量
オリーブ油 … 小さじ2

作り方

1 鍋にオリーブ油とにんにくを入れて中火で熱し、香りが出たら玉ねぎを炒める。カットトマト缶以外の野菜を加えて、さっと炒め合わせる。

2 さば水煮、カットトマト、ローリエを加えてふたをし、強めの弱火で10分ほど煮る。仕上げに、塩、こしょうで味を調える。
※塩、こしょうを加えるときに、好みでカレー粉小さじ1/2を加えてもよい。

なんでも ポタージュ

ADVICE

野菜を食べやすい大きさに切って厚手の鍋に入れ、水、ローリエを加えて蒸し煮にしたら、牛乳を加えてミキサー（またはハンドブレンダー）でかくはんしてなめらかにします。これを温めて、塩、こしょうで調味するだけ。好みでバターやオリーブ油を加えると、いっそう風味がよくなります。野菜はいろいろミックスするよりも、1種類か、相性がよいもの2〜3種類がよく、牛乳の代わりに豆乳でも、時には絹ごし豆腐を加えてもいいです。

にんじんと豆腐のポタージュ

スムージー感覚でどうぞ。

材料　分量の目安

にんじん … 小1本（100g）
　⇒薄切り
ローリエ … 1枚
絹ごし豆腐 … 1/3丁
A　塩、みそ … 各小さじ1/2
　　こしょう … 少々
　　バター … 10g

作り方

1　厚手の鍋に、にんじん、ローリエ、水200mlを入れてふたをし、中火で8分ほど蒸し煮にする。

2　ローリエを取り除き、豆腐を加えて、ミキサー（またはハンドブレンダー）でなめらかにする。

3　2を鍋に戻し入れて温め、Aで調味する。

ブロッコリーのポタージュ

他に野菜を加えるなら緑色に影響がないものを。

材料　分量の目安

ブロッコリー … 150g
　⇒小さめの小房に分ける
（好みで）玉ねぎ（またはキャベツ）
　… 50g
　⇒玉ねぎなら薄切り、キャベツ
　ならざく切り

ローリエ … 1枚
牛乳 … 200ml
塩 … 小さじ1/2
こしょう … 少々
オリーブ油 … 小さじ1

作り方

1　厚手の鍋に、ブロッコリー、好みで玉ねぎ（またはキャベツ）、ローリエ、水100mlを入れてふたをし、中火で8分ほど蒸し煮にする。

2　ローリエを取り除き、牛乳を加えてミキサー（またはハンドブレンダー）でなめらかにする。

3　2を鍋に戻し入れて温め、塩、こしょうで調味する。器に盛り、オリーブ油を回しかける。

ADVICE

なんでも 焼きのりとごま油

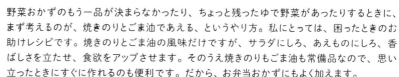

野菜おかずのもう一品が決まらなかったり、ちょっと残ったゆで野菜があったりするときに、まず考えるのが、焼きのりとごま油であえる、というやり方。私にとっては、困ったときのお助けレシピです。焼きのりとごま油の風味だけですが、サラダにしろ、あえものにしろ、香ばしさを立たせ、食欲をアップさせます。そのうえ焼きのりもごま油も常備品なので、思い立ったときにすぐに作れるのも便利です。だから、お弁当おかずにもよく加えます。

キャベツと焼きのりのサラダ

隠し味に砂糖を加えてキャベツの甘みを立て、さらに塩梅よく。

(材料) 分量の目安

キャベツ … 3～4枚 (200g)
　⇒食べやすくちぎる
焼きのり … 全形1枚

A ┌ ごま油 … 小さじ2
　│ 塩 … ふたつまみ
　│ 酢、しょうゆ … 各小さじ1
　└ 砂糖 … 小さじ1/2

(作り方)

1 キャベツはさっと塩ゆでし (塩は分量外)、粗熱が取れたら、しっかりと水けを絞る。

2 ボウルに1を入れ、焼きのりを小さくちぎって加え、Aで調味する。

きゅうりの焼きのりあえ

すぐに作れる、速攻一品！
ナムル風の味がたまりません。

(材料) 分量の目安

きゅうり … 1本
　⇒縦半分に切って斜め薄切り
焼きのり … 全形1/2枚

A ┌ ごま油 … 小さじ2
　│ にんにく … 1/2かけ
　│ 　⇒すりおろす
　│ 塩 … ふたつまみ
　└ こしょう … 少々

(作り方)

ボウルにきゅうりを入れ、焼きのりをちぎりながら加えて、Aで調味する。

なんでも **甘酢漬け**

ADVICE

甘酢漬けは、箸休め、お弁当おかず、おすしを作るのにも役立ちます。甘酢の割合は、酢3：砂糖1。合わせる具材によって、塩は様子をみながら加えますが、この割合は覚えておいて損はありません。例えば、きゅうりが残っていれば塩もみし、甘酢を加えればよく、れんこんが残っていれば薄切りにしてさっとゆで、甘酢と塩を加えて漬ければよいのです。甘酢をベースにして、ローリエ、にんにく、こしょう、赤唐辛子を加えれば、ピクルス風にもなります。

れんこん甘酢漬け

揚げもの、焼き魚や照り焼きなどの
献立に添えられていたら、うれしい！

材料 分量の目安

れんこん … 180g
　　⇒薄い半月切り

A | 水、酢 … 各大さじ3
　 | 砂糖 … 大さじ1
　 | 塩 … 小さじ1/4
　 | 昆布 … 3cm

作り方

1 れんこんは熱湯でさっとゆで、ざるにあげる。

2 ボウルに**A**を混ぜ合わせ、**1**が熱いうちに加えてあえ、30分ほど漬ける。

かぶのピクルス風甘酢漬け

焼いたり揚げた肉や魚のつけ合わせに、
オリーブ油やマヨネーズとあえてサラダにしても。

材料 分量の目安

かぶ … 250g
　　⇒薄いくし形に切る
塩 … かぶの重量の1.5%（約小さじ2/3）

A | 酢 … 大さじ3
　 | 砂糖 … 大さじ1
　 | にんにく … 1かけ
　 | 　⇒薄切り
　 | ローリエ … 1枚
　 | 粒黒こしょう … 小さじ1/2
　 | 赤唐辛子 … 1本
　 | 　⇒種を取る

作り方

ポリ袋にかぶと塩を入れてもむ。水分が出たら**A**を加え、空気を抜いて袋の口をとじ、30分ほど漬ける。

牛尾理恵 (うしお・りえ)

短大卒業後、栄養士として病院の食事指導に携わった後、料理研究家のアシスタント、料理制作会社を経て、料理研究家として独立。シンプルで実用的、誰でも作りやすいレシピに定評がある。趣味は筋トレ、トレイルランニング、クライミングとハード系。その筋力を維持する健康的な料理は高い評価を得ている。掃除と収納の本を出すほどの家事の達人でもあり、その合理的な考え方は、今回の献立作りにも発揮されている。
著書は『燃える! 美やせスープー鍋に入れてほぼ10分』(学研プラス)、『毎日、朝ラク10分弁当』(主婦の友社)など。

がんばらない3日間献立

2023年4月28日　第1刷発行

著者	牛尾理恵
発行人	松井謙介
編集人	長崎　有
企画編集	広田美奈子
発行所	株式会社　ワン・パブリッシング
	〒110 - 0005　東京都台東区上野 3 - 24 - 6
印刷所	大日本印刷株式会社
製本所	古宮製本株式会社

●この本に関する各種お問い合わせ先
内容等のお問い合わせは、下記サイトのお問い合わせフォームよりお願いします。
https://one-publishing.co.jp/contact/
不良品(落丁、乱丁)については業務センター　Tel 0570-092555
〒354-0045 埼玉県入間郡三芳町上富279-1
在庫・注文については書店専用受注センター　Tel 0570-000346
©Rie Ushio

STAFF

デザイン	高橋朱里(マルサンカク)
撮影	キッチンミノル
スタイリング	吉岡彰子
調理アシスタント	上田浩子　金原桜子
	高橋佳子
校正	草樹社
企画・編集	遠田敬子